Ide e fazei discípulos meus todos os povos
Teologia de Mateus

Coleção Bíblia em Comunidade

PRIMEIRA SÉRIE – VISÃO GLOBAL DA BÍBLIA

1. Bíblia, comunicação entre Deus e o povo – Informações gerais
2. Terras bíblicas: encontro de Deus com a humanidade – Terra do povo da Bíblia
3. O povo da Bíblia narra suas origens – Formação do povo
4. As famílias se organizam em busca da sobrevivência – Período tribal
5. O alto preço da prosperidade – Monarquia unida em Israel
6. Em busca de vida, o povo muda a história – Reino de Israel
7. Entre a fé e a fraqueza – Reino de Judá
8. Deus também estava lá – Exílio na Babilônia
9. A comunidade renasce ao redor da Palavra – Período persa
10. Fé bíblica: uma chama brilha no vendaval – Período greco-helenista
11. Sabedoria na resistência – Período romano
12. O eterno entra na história – A terra de Israel no tempo de Jesus
13. A fé nasce e é vivida em comunidade – Comunidades cristãs na terra de Israel
14. Em Jesus, Deus comunica-se com o povo – Comunidades cristãs na diáspora
15. Caminhamos na história de Deus – Comunidades cristãs e sua organização

SEGUNDA SÉRIE – TEOLOGIAS BÍBLICAS

1. Deus ouve o clamor do povo (Teologia do êxodo)
2. Vós sereis o meu povo e eu serei o vosso Deus (Teologia da aliança)
3. Iniciativa de Deus e corresponsabilidade humana (Teologia da graça)
4. O Senhor está neste lugar e eu não sabia (Teologia da presença)
5. Profetas e profetisas na Bíblia (Teologia profética)
6. O Sentido oblativo da vida (Teologia sacerdotal)
7. Faça de sua casa um lugar de encontro de sábios (Teologia sapiencial)
8. Grava-me como selo sobre teu coração (Teologia bíblica feminista)
9. Teologia rabínica (em preparação)
10. Paulo, apóstolo de Jesus Cristo pela vontade de Deus (Teologia paulina)
11. Compaixão, cruz e esperança (Teologia de Marcos)
12. Lucas e Atos: uma teologia da história (Teologia lucana)
13. Ide e fazei discípulos meus todos os povos (Teologia de Mateus)
14. Teologia joanina (em preparação)
15. Eis que faço novas todas as coisas (Teologia apocalíptica)
16. As origens apócrifas do cristianismo (Teologia apócrifa)
17. Teologia da Comunicação (em preparação)
18. Minha alma tem sede de Deus (Teologia da espiritualidade bíblica)

TERCEIRA SÉRIE – BÍBLIA COMO LITERATURA

1. Bíblia e Linguagem: contribuições dos estudos literários (em preparação)
2. Introdução às formas literárias no Primeiro Testamento (em preparação)
3. Introdução ao estudo das formas literárias no Segundo Testamento
4. Introdução ao estudo das Leis na Bíblia
5. Introdução à análise poética de textos bíblicos
6. Introdução à Exegese patrística na Bíblia (em preparação)
7. Método histórico-crítico (em preparação)
8. Análise narrativa da Bíblia
9. Método retórico e outras abordagens (em preparação)

QUARTA SÉRIE – RECURSOS PEDAGÓGICOS

1. O estudo da Bíblia em dinâmicas – Aprofundamento da Visão Global da Bíblia
2. Aprofundamento das teologias bíblicas (em preparação)
3. Aprofundamento da Bíblia como Literatura (em preparação)
4. Pedagogia bíblica
   4.1. Primeira infância: E Deus viu que tudo era bom
   4.2. Segunda Infância (em preparação)
   4.3. Pré-adolescência (em preparação)
   4.4. Adolescência (em preparação)
   4.5. Juventude (em preparação)
5. Modelo de ajuda (em preparação)
6. Mapas e temas bíblicos (em preparação)
7. Metodologia de estudo e pesquisa (em preparação)

Geraldo Dondici Vieira

Ide e fazei discípulos meus todos os povos

Teologia de Mateus

Teologias bíblicas 13

Dados Internacionais de Catalogação na Publicação (CIP)
(Câmara Brasileira do Livro, SP, Brasil)

Vieira, Geraldo Dondici
   Ide e fazei discípulos meus todos os povos : teologia de Mateus / Geraldo Dondici Vieira. – 3. ed. São Paulo : Paulinas, 2014. – (Coleção Bíblia em comunidade. Série teologias bíblicas ; 13)

   ISBN 978-85-356-3829-5

   1. Bíblia. N.T. Mateus - Teologia 2. Mateus, Apóstolo, Santo 3. Mateus, Apóstolo, Santo - Teologia I. Título. II. Série.

14-09988   CDD-226.207

Índice para catálogo sistemático:
1. Mateus : Evangelho : Estudo bíblico   226.207

3ª edição – 2014
1ª reimpressão – 2020

Citações bíblicas: *Bíblia de Jerusalém*. São Paulo: Paulus, 1985.

Direção-geral: *Flávia Reginatto*
Editora responsável: *Vera Ivanise Bombonatto*
Copidesque: *Maria Goretti de Oliveira*
Coordenação de revisão: *Marina Mendonça*
Revisão: *Leonilda Menossi e Sandra Sinzato*
Direção de arte: *Irma Cipriani*
Assistente de arte: *Sandra Braga*
Gerente de produção: *Felício Calegaro Neto*
Editoração eletrônica: *Telma Custódio*
Capa: *Edinaldo Medina Batista*

Nenhuma parte desta obra poderá ser reproduzida ou transmitida por qualquer forma e/ou quaisquer meios (eletrônico ou mecânico, incluindo fotocópia e gravação) ou arquivada em qualquer sistema ou banco de dados sem permissão escrita da Editora. Direitos reservados.

SAB – Serviço de Animação Bíblica
Av. Afonso Pena, 2142 – Bairro Funcionários
30130-007 – Belo Horizonte – MG
Tel.: (31) 3269-3737 – Fax: (31) 3269-3729
e-mail: sab@paulinas.org.br

Paulinas
Rua Dona Inácia Uchoa, 62
04110-020 – São Paulo – SP (Brasil)
Tel.: (11) 2125-3500
http://www.paulinas.com.br – editora@paulinas.com.br
Telemarketing e SAC: 0800-7010081
© Pia Sociedade Filhas de São Paulo – São Paulo, 2010

O Cristo Emanuel

Deus está conosco, sabei-o até os confins da terra,
* Porque Deus está conosco!
Escutai até os confins da terra,
* Porque Deus está conosco!
Mesmo se sois fortes, sereis quebrantados,
* Porque Deus está conosco!
De novo fortes, sereis de novo quebrantados,
* Porque Deus está conosco!
E qualquer projeto que fizerdes
o Senhor o quebrantará,
* Porque Deus está conosco!
E, qualquer plano que fizerdes, ficará sem efeito,
* Porque Deus está conosco!
O vosso terror não nos aterrorizará nem terá efeito sobre nós,
* Porque Deus está conosco!
Nós consideramos como santo o Senhor Deus, e ele será para nós temor,
* Porque Deus está conosco!
Se tenho fé nele, ele me será de santificação,
* Porque Deus está conosco!
Eis-me aqui e os filhos que me deu o Senhor,
* Porque Deus está conosco!
O povo que caminhava nas trevas viu uma grande luz,
* Porque Deus está conosco!
A vós que habitais no lugar e na sombra da morte uma luz brilhará,
* Porque Deus está conosco!
Porque um menino nos nasceu, um filho nos foi dado,
* Porque Deus está conosco!
Sobre seus ombros repousa a realeza e à sua paz não haverá limite,
* Porque Deus está conosco!
Ele se chamará Anjo do grande conselho, Conselho admirável,
* Porque Deus está conosco!
Deus poderoso, soberano, Príncipe da paz, Pai do século futuro,
* Porque Deus está conosco!
(Liturgia grega, Grande Completa)*

---

* Texto grego in: *Horologion*, Roma, pp. 247-249. Apud: CHARIB, Georges. *Os ícones de Cristo*; História e culto. São Paulo: Paulus, 1997. pp. 272-274.

Apresentação

Padre Geraldo Dondici Vieira sempre foi, desde os tempos de sua formação inicial, um discípulo apaixonado por Jesus Cristo. Nele, ao longo dos anos de seu seguimento, encontrou a fonte de uma alegria duradoura. Depois de anos e de fecundo percurso nos seus estudos acadêmicos, o autor leva adiante o seu compromisso com a ciência exegética, o ensino e a pesquisa. Ele oferece, também, neste estudo, uma singular contribuição aos discípulos e discípulas, para descobrirem e vivenciarem o seguimento, por meio de uma amorosa escuta do Evangelho de Mateus. Proporciona-lhes, assim, o conhecimento de sua riqueza inesgotável, que interpela o coração e possibilita uma resposta profética e corajosa que Deus espera de todos nós.

Este estudo conduz à descoberta do Evangelho de Mateus como uma verdadeira barra de ouro, cravejada de pedras preciosas, como gosta de falar o Padre Geraldo, na riqueza pedagógica e metafórica de sua linguagem catequética. De fato, vale a pena analisar e interiorizar bem o esquema proposto, como caminho pedagógico a ser seguido. Este levará a fontes inesgotáveis de inspiração e sustento, numa experiência de fé autêntica, de confiança incondicional depositada em Deus, que chama por meio de Jesus. E, acima de tudo, despertará no coração do discípulo a consciência de uma missão. Esta missão define, por sua vez, a identidade do discípulo e da discípula, e os põe diante do desafio de anunciar o Evangelho ao mundo, a todos, tornando-os também discípulos e discípulas de Jesus, como eles, pela fecundidade da própria condição do discipulado.

A apresentação deste estudo é singular. Ela desvenda um tesouro inesgotável, por meio de uma interpretação especializada que se apoia na seriedade de análises literárias. Estas revelam a força do Evangelho que gera discípulos e discípulas, capazes, por sua vez, de gerarem outros para o seguimento de Jesus, como compromisso primeiro e de forma permanente.

O modo como o autor apresenta o texto do Evangelho de Mateus é profundo, agradável, envolvente. Ele conduz, de forma inteligente, o leitor a fascinar-se pelo caminho proposto, levando-o, ao mesmo tempo, a ganhos existenciais e vivenciais de grande e fundamental importância. Colabora, assim, criando maior consciência sobre a tarefa missionária que a Igreja é desafiada a realizar, no contexto do mundo contemporâneo.

A preocupação do autor, em ajudar o leitor a apropriar-se de uma sólida visão do conjunto literário do Evangelho de Mateus, é muito importante, pela sua força pedagógica própria. Capacita-o assim para entendimentos, com acuidade, do significado e alcance das pedras preciosas, que constituem a beleza singular desta mensagem evangélica. Esta metodologia é própria e possível para quem, como o autor, sabe aliar, sem dicotomias, o estudo científico e a necessidade pessoal com o compromisso missionário de anunciar Jesus Cristo que é conhecido, vivido e experimentado como seu Salvador, centro e razão insubstituível da própria vida.

Padre Geraldo Dondici introduz o estudo sobre o Evangelho de Mateus com a metáfora de uma cidade antiga soterrada, para ser explorada, desvendada na riqueza de sua história, por meio dos restos que permaneceram. Todo o caminho proposto pelo autor nos impulsiona a prosseguir aprofundando o conteúdo, envolvidos por sua linguagem atraente, a percorrer um itinerário espiritual, para solidificar o nosso passo missionário como discípulos e discípulas do Senhor, hoje.

Seja feliz neste caminho! Ele se torne para cada leitor uma oportunidade de singular experiência, na alegria duradoura que nasce do seguimento incondicional de Jesus Cristo.

† Walmor Oliveira de Azevedo
Arcebispo Metropolitano de Belo Horizonte

Introdução

Imagine uma cidade muito antiga. Outrora fora uma grande capital. Depois se tornou apenas um pouso de tropeiros. A seguir ficou meio esquecida. Mais tarde foi reconstruída e embelezada, ganhando novas muralhas e templo. Sofreu terremotos. Foi invadida, saqueada e queimada. Por fim, soterrada. Olhando de longe vemos agora apenas uma serena colina. Nada nos faz adivinhar a riqueza de tesouros que estão escondidos debaixo de toneladas de pedras, terra, entulhos. Vemos apenas a colina arenosa, alguns arbustos, poucas ervas e dois cabritos que pastam aqui e ali as poucas folhas que o vento ainda não carregou.

Como descobrir os mistérios que o tempo e o homem enterraram, debaixo daquela colina? Seria possível viajar no passado para visitar as cidades perdidas no tempo? Que instrumentos utilizar ou em que veículos embarcar, para poder realizar esta fantástica viagem?

Para ter acesso a este passado e fazer nosso tempo tocar o que o tempo encobriu, serão necessários exaustivos trabalhos e tarefas inúmeras que implicam ações múltiplas: Escutar. Apalpar. Sondar. Cavar. Remover. Cortar. Perfurar. Polir. Medir. Pesar. Contar. Varrer. Peneirar. Limpar. Carregar. Anotar. Catalogar. Desenhar. Recompor. Deduzir. Remontar. Ler. Traduzir. Reler. Modelar. Organizar. Comparar. Examinar. Inspecionar. Montar um quebra cabeça. Descobrir. Revelar. Comunicar. Continuar. Recomeçar tudo de novo. Averiguar. Submeter a muitas análises. Conferir com outros estudos. Pesquisar. Dialogar. Propor modelos. Interpretar. Explicar. Compreender. Trabalhar em equipe. Criar novos instrumentos. Acreditar no que se faz. Persistir e perseverar. Não desanimar jamais.

Como em um cuidadoso e melindroso trabalho arqueológico, também olhamos para a colina literária do Evangelho de Mateus. Fazendo-me de guia, que espera ser seguido pelos viajantes pesquisadores, vou à frente indicando entradas e portas interessantes para mergulharmos no universo literário, teológico e espiritual deste evangelho.

Seguindo um caminho inspirado na arqueologia, cada capítulo deste livro pretende apresentar uma faceta, uma camada, um recorte do tesouro literário de Mateus. Esse material removido conta uma história, a vida, as esperanças e as expectativas que a comunidade de Mateus viveu em relação a Jesus, e as retrata no seu Evangelho.

Os dois primeiros capítulos são como que irmãos gêmeos. Eles compõem, passando por caminhos diferentes, uma visão panorâmica de toda a obra mateana. O primeiro oferece um quadro literário fictício dramático. Quer responder a perguntas muito difíceis e praticamente sem respostas. O que levou Mateus a escolher exatamente esta forma de falar de Jesus e de tudo o que lhe aconteceu na convivência com seu Mestre? Com quem Mateus está em diálogo quando prepara todas as informações e testemunhos que farão parte do seu Evangelho? Como Mateus se deixa guiar pelas dúvidas, questões, medos e necessidades de seus companheiros e de suas companheiras de viagem? Como ele organizou tudo isso, para servir de luz e guia nas trilhas da vida, não só de sua comunidade, mas de todas as que viriam depois?

O segundo capítulo traça um mapa literário do Evangelho, sublinhando com cuidado os indicadores formais deixados por Mateus, para localizar assim seu leitor de todo o caminho a ser percorrido. Essas informações foram introduzidas para agirem sobre a velocidade, a entonação, a disposição, o ritmo e sua densidade, a fim de revelar toda a riqueza das paisagens narrativas e conduzir-nos, com segurança e precisão, à meta da viagem, que é o conhecimento de Jesus Cristo e o encontro com ele.

O capítulo terceiro oferece as direções para a construção de uma trilha teológica, pelo meio do bosque narrativo de Mateus. O radicalismo ético de Mateus, mais do que um eco de Jesus, é uma resposta do evangelista aos problemas da Igreja, que se reflete em contraposição e interpretação da Lei judaica. Deste enfoque partem os grandes eixos de sua teologia: a ética, a cristologia, a eclesiologia e o normativo.

O quarto capítulo trata das Sagradas Escrituras judaicas, presentes no Evangelho de Mateus, o que favorece a compreensão da nova perspectiva dada por Jesus, ao passearmos no universo espiritual e exegético do Judaísmo. De modo mais consciente e, evidentemente, mais técnico, em relação a Marcos e Lucas, Mateus pretende apresentar aos discípulos e às discípulas vindos do Judaísmo, profundamente identificados com ele, uma interpretação coerente da Lei e dos Profetas, a partir da Boa-Nova anunciada e realizada por Jesus Cristo. O esquema hermenêutico é alicerçado na dinâmica da interpretação-atualização; no princípio da promessa-realização e na viva relação entre Torá escrita e Torá oral. Este esquema oferece a Mateus os elementos exegéticos e teológicos, necessários para elucidar os tesouros do passado para elaborar a Torá de Jesus.

O quinto capítulo pretende seguir alguns passos da ação pedagógica do Mestre Jesus da Galileia. Não apenas o conteúdo da Torá de Jesus é importante para Mateus, mas também seus métodos e estratégias; suas histórias e metáforas; sua maneira de falar com o povo e sua expressão tornaram-se para o evangelista paradigmas da comunidade dos discípulos e das discípulas de Jesus. O Reino de Deus realiza-se, na verdade, do conteúdo da

Torá de Jesus e na dinâmica da Escola do Evangelho, inaugurada pela pedagogia do Mestre da Galileia.

O sexto capítulo nos convida a frequentar a Escola do Mestre Jesus, lado a lado com os discípulos e as discípulas, que ele mesmo chamou e escolheu para dar o seu ensinamento. Pode ser que estranhemos um pouco o grupo reunido por ele. Não é gente habituada com a vida acadêmica. Ao contrário, são homens e mulheres que cruzaram o seu caminho no dia a dia, indo para o trabalho em Nazaré ou Séforis; em Mágdala ou Cafarnaum. A estes e estas, Jesus conheceu e chamou para a missão. Deu-lhes a força suficiente para romperem com as pesadas amarras do passado e da própria condição pessoal, a fim de se tornarem discípulos missionários e discípulas missionárias do Reino dos Céus, edificadores do Reino da Vida Plena.

Por fim, no sétimo e último capítulo, quase que a título de curiosidade, mas também para alargar nossos horizontes, sobrevoamos numa rápida e indireta incursão, o contexto cultural e histórico de Mateus. Essa visita conclusiva ao mundo judaico do I século da E.C. serve para demonstrar, ainda uma vez, a genialidade e a beleza, a riqueza e a profundidade, a fidelidade e a abertura da teologia e da mística de Jesus, reveladas no Evangelho de Mateus, para todas as comunidades dos discípulos e discípulas do mundo inteiro.

Para o bom aproveitamento deste estudo, gostaria de dar algumas pistas que podem ser úteis. A primeira e indispensável tarefa é a de ler e reler o Evangelho de Mateus. Este estudo quer ser apenas e somente um roteiro, para nos motivar a conhecer o universo teológico e literário do autor. Cada capítulo foi preparado para dar uma visão de conjunto sobre o todo do Evangelho, permitindo que o viajante escolha o roteiro a seguir; as localidades que pretende visitar; a profundidade desejada para o mergulho, a altitude precisa para escalar a montanha.

Muitas outras incursões podem e devem ser feitas. Viajando pelas trilhas de Mateus não se esqueça de anotar e divulgar possíveis trilhas, que ainda não foram descobertas.

Boa viagem. Não se esqueça de partilhar com alguém as suas fotos e suas descobertas.

1
A fonte do anúncio: a experiência da ressurreição de Jesus

Nos primeiros momentos do anúncio sobre Jesus Cristo, a comunidade dos discípulos e das discípulas proclamou a experiência determinante da paixão, morte e ressurreição do Senhor, gravada no âmago da consciência religiosa e espiritual de cada um dos seus membros.

Os textos sobre a paixão, morte e ressurreição, além de serem mais extensos que todas as outras tradições sobre Jesus,[1] são narrados com mais atenção e cuidado, apresentando uma riqueza de detalhes inédita no gênero literário do Evangelho.[2] Mesmo que Paulo tenha se encontrado com Pedro para ouvir de viva voz sobre as tradições acerca de Jesus (Gl 2,18), ele fundamenta toda a sua pregação e a doutrina de suas cartas nas tradições sobre a morte e a ressurreição de Jesus.[3] As narrati-

---

[1] As tradições sobre a Paixão e a Ressurreição de Jesus ocupam cerca de um terço dos Evangelhos (em Marcos inicia-se no capítulo 11; em Mateus, no capítulo 21; em Lucas, no capítulo 19; em João, no capítulo 12). Mas, além da extensão das narrativas, estas tradições são trabalhadas na forma de um enredo desde os primeiros capítulos dos Evangelhos.

[2] Observe, por exemplo, os detalhes, a indicação de datas, horas em que são descritos os fatos da paixão de Jesus no Evangelho de Marcos: 14,1 (faltam dois dias); 14,12 (no primeiro dia da festa dos pães ázimos); 14,17 (quando anoiteceu); 14,22 (durante a ceia); 14,26 (ao final da ceia); 14,41c (chegou a hora); 14,68d. 72a (o galo cantou); 15,1 (amanheceu); 15,33 (ao meio-dia); 15,34 (às três horas da tarde); 15,42 (já chegada a tarde, início do dia da Preparação); 16,1 (depois que terminou o sábado); 16,2 (domingo, bem cedo, antes de o sol nascer).

[3] Paulo nos fala sobre a tradição da morte de Jesus (Rm 5,6.8; 14,9.15; Gl 2,21; 1Cor 8,11; 15,3; 1Ts 4,14); sobre a morte de cruz (1Cor 1,17.18.23; 2,2; Gl 5,11; 6,12.14; Fl 2,8;

vas de envio dos apóstolos a todo o mundo, especialmente em Mateus e Lucas, ganham seu pleno sentido teológico e fundamentam sua dinâmica missionária na experiência da morte e ressurreição de Jesus.[4]

Estas três constatações nos permitem observar o momento inicial da evangelização levada adiante, pelos que seguiram e conviveram com Jesus, desde a Galileia até Jerusalém. A tarefa hermenêutica destes homens e mulheres, entre os quais está Mateus, é demonstrar que tudo o que Jesus fez e ensinou já estava contido, de forma latente e profética, nas Escrituras judaicas. De modo particular, terão que explicar o sentido da morte e ressurreição de Jesus de Nazaré, para provar que ele é realmente o Messias esperado.[5]

No texto a seguir do Evangelho de Mateus, todos os discípulos e as discípulas deveriam ir até a Galileia para verem o Ressuscitado, conforme ele havia ordenado (Mt 28,10). Galileia, que acolheu o ensinamento e os milagres de Jesus, que ainda se recordava de suas andanças e do sabor de suas palavras, agora se tornava palco para a experiência definitiva na formação dos discípulos e das discípulas de Jesus: eles foram chamados para ver o Messias Ressuscitado. Eles ouviram a promessa, fizeram todo o caminho de volta, fizeram a experiência do encontro com o Ressuscitado que os enviara em missão e, mesmo assim, alguns duvidaram.

Vamo-nos colocar no lugar destes personagens que duvidaram, como sendo cada um e cada uma de nós, leitores e leitoras de Mateus, hoje. Soltemos a nossa imaginação e façamos dos passos dos companheiros e das companheiras

---

3,18; Ef 2,16; Cl 1,20; 2,14); sobre a ressurreição de Jesus (1Cor 15,4.12.13.14.16.17.20; 2Tm 2.8).
[4] Cf. Mt 28,16-20; Lc 24,36-53; At 1,6-1.
[5] Cf. Mt 2,14; 11,2; 16,20.

do evangelista os nossos passos. Vamos fazer uma leitura do Evangelho de trás para frente, das narrativas da ressurreição de Jesus até o seu nascimento, passando pela escuta de suas palavras de sabedoria e de verdade, pelo testemunho de suas obras de poder e de salvação. Ao longo de todo o seu Evangelho, Mateus irá ajudar-nos a dissipar as dificuldades, para que possamos crer em Jesus, e assim tornar-nos seus discípulos e suas discípulas.

Primeiro ato – Tudo começou na Galileia

Todos e todas fomos convocados para o encontro com o Senhor Ressuscitado.[6] Na hora marcada, sobre o monte indicado, apareceu-nos o Senhor. Todos os discípulos e as discípulas que o seguiam o adoraram. Mas, em meu coração, eu ainda duvidava. O Senhor, então, se aproximou e disse duas coisas de que eu não pude mais me esquecer: "Ide, portanto, e fazei que todas as nações se tornem discípulos..." (Mt 28,19) e "Eu estou convosco todos os dias, até a consumação dos séculos" (Mt 28,20b). Quando escutei estas palavras, senti que começou a brotar, dentro mim, uma sementinha de fé. Não pude mais abandonar a família do Senhor.

Daquela montanha, parti com Mateus para fazer com que os judeus se tornassem discípulos do Senhor Ressuscitado. Pelo caminho, ele contou-me como foram terríveis os dias após a morte do Senhor. A sensação de fracasso e de decepção contaminou a todos. Apavorados pelos fatos e com medo de serem perseguidos, os onze Apóstolos fugiram. E aí, todos se

---

[6] No Evangelho de Marcos, a Galileia desempenha uma função literária toda especial. Além de ser o lugar do ensino de Jesus em toda a primeira parte do Evangelho (Mc 1–9), o anúncio dado às mulheres que Jesus precederá os seus na Galileia, já foi preparado com uma palavra do próprio Jesus, em Mc 14,28: "Mas, depois que eu ressurgir, eu vos precederei na Galileia".

dispersaram. Mateus chegou a confessar-me que, se não fosse a insistência e a profunda convicção de Maria Madalena e de Maria, mãe de Tiago e de José, certamente os onze discípulos não teriam vindo à montanha da Galileia para aquele encontro (Mt 28,5-8.9-10).

Segundo ato – O Rei dos Judeus crucificado

Quis então saber de Mateus como aconteceu tudo, desde a entrada de Jesus em Jerusalém até o seu sepultamento. Meu trabalho no mercado da cidade impediu-me de seguir os últimos passos de Jesus. A enorme quantidade de peregrinos e toda a agitação trazida com a presença de Pilatos e sua comitiva na cidade não me permitiram acompanhar mais nada. Quando dei por mim, Jesus já estava morto e sepultado. E eu, nem mesmo sabia como os fatos se deram, e o porquê de tudo ter acontecido assim tão depressa.

Mateus não se sentia bem em discutir muitos detalhes. Seus olhos tristes denunciavam, ao mesmo tempo, um sentimento de culpa e de sofrida saudade. Apenas me falou que Jesus se manteve sereno, tranquilo, altivo e silencioso tanto diante das autoridades, quanto dos que o flagelavam e crucificavam. Mas o que doía mesmo em Mateus era o fato de Jesus ter recebido ajuda apenas de estranhos e desconhecidos. Não encontrou os ombros e as mãos dos amigos em sua derradeira viagem. As ajudas vieram inesperadamente dos que lhe cruzaram o caminho: Simão de Cirene, ajudando com o peso da cruz (Mt 27,32); um dos que ali estavam dando-lhe de beber (Mt 27,48); o comandante da execução reconhecendo-o Filho de Deus (Mt 27,54). Sem falar, é claro, sobre as mulheres que, mesmo de longe, não o perderam de vista nem por um instante (Mt 27,55-56).

Ainda gritava nos ouvidos de Mateus o profundo silêncio guardado por Jesus. Mateus viu nisso a realização da profecia do "cordeiro mudo levado para o matadouro" (Is 53,7). Diante dos sumos sacerdotes, Jesus continuou calado (Mt 26,63). Diante de Pilatos, não respondeu uma só palavra (Mt 27,14). Diante dos que o executavam, manteve-se em profundo silêncio. Somente ao Pai, no último suspiro, ele gritou: "Tu, Iahweh, não fiques longe. Força minha, vem socorrer-me depressa!" (Sl 22,20).[7]

Terceiro ato – Jesus em Jerusalém

Como eu não conhecesse bem os motivos que levaram Jesus a ser executado, Mateus resumiu em poucas palavras toda a ameaça sentida pelas autoridades de Jerusalém diante de Jesus. Para nós, era evidente que o Messias estava chegando a Jerusalém para instaurar seu Reino de Paz Eterna. Afinal, ele entrou na cidade montado numa jumentinha (Mt 21,1-11). Ele chamou o Templo de "casa do meu Pai" e o purificou dos que faziam dele um covil de ladrões (Mt 21,12-17). Ele inaugurou a nova aliança no banquete das núpcias, ao nos dar o pão do seu corpo para comer e o cálice do seu sangue para beber (Mt 26,26-29). Ele declarou ser o Filho do Homem chegando para julgar (Mt 26,64). Ele foi ungido por sua noiva, símbolo da comunidade dos seus discípulos (Mt 26,6-13).[8] Ele foi levado para o matadouro como um cordeiro sem mancha e permaneceu

---

[7] "Jesus, citando em voz alta o início do Salmo 22, quer fazer seu o espírito do salmista que é de incondicional confiança em Deus, mesmo se ferido pela maldade humana." LANCELLOTI, Ângelo. *Matteo.* Roma: Edizioni Paoline, 1978. p. 392.

[8] O livro do Cântico dos Cânticos era leitura comum na sinagoga durante a semana da Páscoa. A imagem do casamento e do amor entre os noivos é muito significativa neste contexto da paixão. Cf. Ct 1,2; STORNIOLO, Ivo. *Como ler o Evangelho de Mateus*; o caminho da justiça. São Paulo: Paulus, 1991. p. 186.

completamente mudo. Ele carregou todas as nossas dores e foi por nós crucificado.

Mas eu continuava sem entender porque sendo Jesus tão poderoso em palavras e obras, mesmo assim não pudera convencer as autoridades de Jerusalém de que, de fato, ele fosse o Messias tão aguardado por todos. Então, Mateus esclareceu-me sobre as inúmeras polêmicas que as palavras e ações de Jesus haviam provocado.

Quarto ato – Conflitos e confrontos

Assentamos debaixo de uma árvore e Mateus contou-me um pouco sobre as muitas ameaças que, desde muito tempo, Jesus vinha sofrendo. Nós, os que seguimos Jesus, avaliamos mal as pretensões das autoridades de Jerusalém contra Jesus. Na última hora, fugimos sem entender bem o que se passava. Fomos devorados pelas artimanhas brutais das autoridades e pela terrível decepção que sentimos com nós mesmos. A impossibilidade de qualquer reação, o silêncio de Jesus, o medo devorador e a atitude do nosso companheiro Judas, tudo isso nos deixou sem rumo e sem ação. Eu perambulei por Jerusalém por três dias inteiros, sem comer e sem dormir. Sentia-me tomado por um mal-estar. Parecia que estava fora de mim. Somente fui acordado pela insistência das mulheres. Acho que, se não fossem elas, teria enlouquecido ou mesmo morrido.

Mateus, quase em lágrimas, caiu num profundo silêncio. Parecia ter voltado ao doloroso abatimento daqueles dias. Respeitei seu momento e nada mais perguntei. Depois, já pelo caminho, ele voltou a me falar sobre as razões que levaram as autoridades religiosas de Jerusalém a perseguirem Jesus.

Penso eu, disse Mateus, que o clímax dos conflitos entre Jesus e os chefes religiosos pode ter sido gerado por três atitudes de Jesus. Diante dos sumos sacerdotes no Sinédrio, Jesus se declarou como o Filho do Homem, anunciado por Daniel, que chegou para julgar o mundo em nome do Altíssimo (Mt 25,31-36). Afrontando diretamente os que comercializavam no Templo, ele os expulsou, exigindo que a casa do seu Pai fosse respeitada como casa de oração (Mt 21,12-13). Enfrentando todos os líderes religiosos de Jerusalém, de todos os grupos, tanto sacerdotes como fariseus, Jesus os chamou a todos de assassinos dos servos do Senhor, traçando uma projeção do que estava por viver nos dias seguintes (Mt 21,33-46).

As autoridades de Jerusalém responderam a tudo isso tramando a sua morte. Fizeram com que fosse condenado, tanto diante do Sinédrio como diante de Pilatos. E instigaram a multidão para gritar que fosse crucificado. Por fim, os chefes acompanharam em coro a sua execução pública, no monte do Calvário. Jesus morreu em silêncio, rezando ao Pai o salmo da confiança do abandonado (Sl 22), como nos relataram as mulheres que o seguiam desde a Galileia. Os chefes aplaudiram, julgando ter defendido a ortodoxia de sua religião e a pureza de suas leis divinas.

Quinto ato – Como os profetas, Jesus pronuncia os seus ais

Mateus me havia falado que Jesus pronunciou um longo discurso contra as atitudes de falsa piedade de alguns líderes religiosos e de seus convencidos teólogos. Mas como este fosse um tema muito duro para Mateus, pois ele muito sofrera nas mãos dessas pessoas, por ter sido um cobrador de impostos,[9] preferiu não me relatar este discurso (Mt 9,9-13; Mt 23,1-39). Apenas me disse que toda a obra de Jesus pode ser resumida

---

[9] Cf. Mt 5,46; 10,3; 18,17; 21,31-32. Os publicanos eram considerados pela população, especialmente pelos fariseus, como pecadores públicos.

em um grande mandamento e em uma linda imagem criada por Jesus. O que Jesus nos pede é que sejamos misericordiosos. Este é o verdadeiro sacrifício que deve ser oferecido ao Pai dos Céus (Mt 9,13; 12,7). Mas aquilo que Jesus mais desejou mesmo foi reunir, ao redor de si, todas as pessoas de Jerusalém, como uma galinha abriga, debaixo de suas asas, todos os seus pintinhos (Mt 23,37).

Mateus disse-me que, caso eu quisesse saber mais sobre as advertências que Jesus fez às autoridades religiosas,[10] deveria perguntar ao discípulo José de Arimateia. Ele saberia melhor narrar-me aqueles fatos e expor-me aquelas duras palavras.

Sexto ato – Controvérsias no caminho para Jerusalém

Naquela noite, à beira do fogo na casa de amigos de Jesus em Jericó, Mateus recordou-se da última vez que passara ali com Jesus. Eram dias particularmente difíceis. Jesus contou que deveria sofrer muito e depois ser executado pelas autoridades religiosas de Jerusalém.[11] Mas os seus seguidores, não entendendo essas palavras, imaginavam que Jesus fosse assumir o poder político e religioso de Jerusalém e assentar-se em seu trono para reinar eternamente. Os discípulos não entendiam o que Jesus estava ensinando.

Muito curioso sobre a atitude dos seguidores de Jesus, perguntei a Mateus o que tinha acontecido na última viagem com Jesus, da Galileia até Jericó. E Mateus contou-me tudo.

---

[10] Cf. Mt 23,1-36. Neste capítulo, Jesus pronuncia sete pesados "ais" (maldições) contra os escribas e fariseus hipócritas.
[11] Cf. Mt 16,21; 17,22; 20,17-19. Anúncios da paixão e morte de Jesus.

Quando chegamos a Jericó, havia uma grande multidão seguindo Jesus. Acho que todos pensavam em aproveitar do banquete messiânico que logo seria servido.[12] Mas esta multidão não sabia para onde ia. Quando dois cegos gritaram a Jesus por socorro, a multidão tudo fez para impedir que fossem notados. Jesus, no entanto, parou e chamou-os. Tendo-os curado, eles o seguiram até Jerusalém, não o abandonando até a última hora. Também nós, os apóstolos, nos mostramos tão inocentes a ponto de Tiago e João pedirem à própria mãe que implorasse a Jesus a fim de ocuparem os primeiros lugares em seu Reino a ser instalado em Jerusalém. O ingênuo pedido dos irmãos ofereceu a Jesus a oportunidade de lhes perguntar se poderiam beber o cálice que ele estava por beber. Eles responderam prontamente que sim. Neste momento, Jesus nos ensinou que aquele que quisesse ser grande deveria servir a todos, e quem quisesse ser o primeiro deveria tornar-se de todos servidor, pois o Filho do Homem veio para servir e dar a sua vida em resgate de muitos (Mt 20,20-28).

E Mateus continuou a narrativa.

Já quase iniciando a subida para Jerusalém, diante de um jovem que queria segui-lo, mas não aceitava afastar-se de seus bens, Pedro quis saber a opinião de Jesus sobre o que ganhariam aqueles que tinham deixado tudo para segui-lo. Jesus respondeu com toda firmeza e segurança: "Receberão, aqui na terra, muito mais em casas, irmãos, pais e filhos, e herdarão a vida eterna" (Mt 19,29). Também alguns fariseus vieram questionar Jesus sobre o divórcio. Jesus reafirmou que, aqueles que Deus uniu, nada poderá separá-los (Gn 2,23-24). Como nós reagimos e achamos aquela norma pesada demais, Jesus nos ensinou que

---

[12] Cf. Mt 22,1-14; 25,1-13; 25,14-30. As parábolas do banquete das bodas, das dez virgens e dos talentos fazem referência a este banquete messiânico, a ser servido na chegada do Messias.

alguns se abstêm da vida matrimonial, por causa do Reino dos Céus (Mt 19,12).

Recordo-me ainda que, logo no início da nossa viagem, vieram muitas crianças para abraçar Jesus e acompanhar-nos pela estrada. Nós achamos aquilo inoportuno. O Senhor parecia estar meditando e não queríamos incomodá-lo. Mas ele reprovou nossa atitude e, acolhendo todas as crianças, disse que o Reino dos Céus pertence a elas (Mt 19,14-15).

Esses foram os fatos que Mateus se recordava daquela última viagem com Jesus.

Sétimo ato – Ensinamentos pela Galileia

A mim parecia que Jesus estivesse iniciando uma nova sinagoga, uma sinagoga nômade pelas estradas e aldeias da Galileia. Com esta ideia na cabeça, quis saber de Mateus quais eram os preceitos mais importantes desta nova sinagoga, para que eu pudesse entender com meu coração de judeu. Mateus fez, então, esta lista segundo as recordações do seu coração.

Jesus nos pediu e nos ordenou o seguinte, em nossas longas caminhadas de Nazaré (Mt 13,53-58) até Cafarnaum (Mt 17,24-27):

- "Perdoai sempre, mesmo se vosso irmão vos ofender sete vezes no mesmo dia" (Mt 18,21).

- "Reuni-vos em meu nome, dois ou três, e eu estarei aí no meio de vós" (Mt 18,20).

- "Corrigi o vosso irmão se ele pecar. Assim, ganhareis este irmão ou esta irmã" (Mt 18,15).

- "Ide atrás da ovelha desgarrada até encontrá-la" (Mt 10,6).

- "Não permitais que nenhum dos pequeninos que creem em mim se escandalize" (Mt 18,6).
- "Tornai-vos como crianças para entrardes no Reino dos Céus" (Mt 18,2).
- "Na casa do Pai, os filhos não pagam impostos" (Mt 17,24-26).
- "Se tiverdes fé como um grão de mostarda, podereis realizar tudo" (Mt 13,31).
- "Escutai o meu Filho amado – ordenou-nos o Pai, no monte" (Mt 17,5).
- "Aquele que não toma sua cruz e não me segue não é digno de mim" (Mt 10,38).
- "Não sirvais de pedras de tropeço para os outros. Entendei o caminho da cruz" (Mt 16,23).
- "Acreditai que eu sou o Messias, o Filho de Deus vivo" (Mt 16,16).
- "Somente recebereis o sinal de Jonas" (Mt 12,39).
- "Tende cuidado com o fermento da vaidade, da autossuficiência e da hipocrisia" (Mt 16,12).
- "Dai-lhes vós mesmos de comer" (Mt 14,16).
- "Tende uma fé forte e não deixeis entrar dúvidas em vossos corações" (Mt 17,20).
- "Purificai vossos corações para que vossas palavras sejam boas e santas" (Mt 8,2).
- "Ajuntai as sobras do banquete do Messias para que este alimento perdure sempre" (Mt 22,4).
- "Tende confiança, eis que estou convosco todos os dias, até a consumação dos séculos" (Mt 28,20).

Ao final de sua lista, Mateus me advertiu para que não me prendesse à letra das indicações transmitidas por Jesus, mas que eu procurasse o amor do Pai e a fé em seu Filho. Estas são as motivações para cada atitude dos seguidores do Mestre da Galileia. Jesus preparou seus discípulos e suas discípulas para serem obedientes e livres; cumpridores da vontade de Deus e criativos; perseverantes na fé e repletos de alegria, especialmente nas dificuldades.

Mateus concluiu, contando-me uma interessante parábola: "Seja como um escriba que se torna discípulo do Reino dos Céus, que é semelhante ao proprietário que do seu tesouro tira coisas novas e velhas" (Mt 13,52).

Oitavo ato – As parábolas do Mestre da Galileia

Minhas dúvidas continuavam. Eu via sem enxergar e ouvia sem nada entender. Sobretudo as parábolas eram para mim um enigma. O que seria mesmo o Reino dos Céus? Somente as Palavras de Jesus, guardadas no coração de Mateus, poderiam curar a minha cegueira e a minha surdez.

Você mesmo deverá demorar-se sobre cada parábola de Jesus (Mt 13,1-52). Querendo ver e ouvir, tudo se revelará a você, da forma como deve ser conhecido e ser amado. Procure. Busque. Abra os olhos do coração, disse-me Mateus.

As parábolas de Jesus guardam um segredo muito simples. Jesus fala de sua longa experiência nos campos e aldeias da Galileia. Suas comparações tiram uma bela fotografia da vida diária de sua família e de seus conterrâneos. Olhe o trabalho do agricultor, do pastor, do pescador e da dona de casa, todos eles transformados em ícones teológicos nas parábolas. Jesus escolhe de propósito as coisas pequenas e invisíveis, para indicar com elas a dinâmica do Reino dos Céus. Assim, ele toma o sal, a semente dentro da terra, o fermento na massa e a pérola no fundo do mar. Seus discípulos devem misturar-se na massa do mundo e levedar tudo pelo amor, pelo perdão e pelo serviço. E, sobretudo, a fina ironia questionadora das parábolas nos convida a entrar em sintonia com o Senhor. Ele nos pergunta: onde mesmo está nosso tesouro? A que horas fomos chamados a trabalhar na vinha? Temos devolvido os frutos da vinha ao Senhor na época certa? O que fizemos dos talentos que recebemos? E muitas outras perguntas.

Leia, medite, ore, contemple a riqueza das parábolas. Ilumine sua vida com a verdade das Palavras de Jesus. Tudo isto me fez pensar muito. E naquele dia caminhei por horas pelo deserto, em silêncio. Dentro de mim, repassava lentamente cada uma das imagens das parábolas de Jesus. Dentro de mim, uma forte luz começou a brilhar.

Nono ato – O Mestre da Galileia prepara e envia seus discípulos e suas discípulas

Algumas revelações de Mateus me surpreenderam muito. Tive problemas para acreditar.

Tivemos dificuldades com os familiares de Jesus. Eles chegaram a questionar o modo de Jesus agir e buscaram cercear a sua missão. Mas Jesus reagiu. Para ele, sua família é formada pelos que fazem a vontade de Deus e estão junto dele (Mt 12,49-50).

Nosso grupo de seguidoras e seguidores de Jesus sempre foi muito pequeno. À medida que nos aproximávamos da hora da cruz, menor era o número dos que estavam conosco. A cada dia o grupo diminuía diante da perseguição das autoridades de Jerusalém, do medo de acontecer conosco o que acontecera a

João Batista, e da frustração provocada pelo discurso pacifista e não violento de Jesus.

As cidades que viram quase todos os milagres de Jesus e para as quais fomos enviados não se moveram, não mudaram de vida, tropeçaram na simplicidade e na humanidade de Jesus. Jesus chegou a afirmar que, no juízo final, Sodoma e Gomorra teriam melhor sorte do que Corazim, Betsaida e, especialmente, Cafarnaum (Mt 11,20-24).

Jesus sempre guardou o sábado e ensinou-nos a santificá-lo com toda a fidelidade. Mas, diante da necessidade de salvar e defender a vida humana, ele trabalhou também nos sábados (Mt 12,9-14).

Por sua humildade, por seus longos silêncios, por ter aberto mão de todo e qualquer poder humano, Jesus identificou-se plenamente com o servo sofredor de Isaías (Mt 12,15-21).

Jesus nos advertiu muito que, assim como ele sempre fora perseguido, nós também seríamos maltratados do mesmo modo. Ele pediu para não termos medo, garantindo-nos que nesta hora ele estará, especialmente, presente. Como sabia das perseguições e desassossegos que teríamos de suportar, ele nos disse que ele mesmo seria nosso descanso, pois seu jugo é suave e seu fardo é leve (Mt 11,28-30).

Décimo ato – Jesus veio para curar nossas dores

Para Mateus, nada podia se comparar em beleza e profundidade às parábolas de Jesus. Mas as pessoas que seguiam Jesus se impressionavam mais com os milagres. O discípulo publicano, curado ele mesmo da lepra social da discriminação, pudera testemunhar muitas curas. Quanto a mim, não vi nenhum dos milagres. A mim, as narrativas dos milagres pareciam propagandas divulgadas por amigos de Jesus cheios de saudosismos. Abrindo-me com Mateus sobre estas dificuldades, ele reprovou-me severamente e disse: continue perseverante na meditação das Palavras de Jesus e ore para que sua fé aumente. Não seja terreno asfaltado.

Mateus preferiu não me contar nenhum milagre, por mais que eu lhe implorasse. Repetiu-me apenas muitas vezes: tudo é possível àquele que crê. O grande milagre não consiste em purificar um leproso ou dar a vista a um cego, mas em estar Deus presente conosco e nós o termos visto pelos olhos da fé (Mt 8,10).

Pensativo, como se deixasse passar um filme diante dos olhos, Mateus deu-me um belo testemunho: naqueles dias em Cafarnaum, eu estava muito atarefado, recolhendo os impostos. Várias pessoas falavam de um Mestre cheio de amor que fazia milagres. Volta e meia cruzava com o pequeno grupo de homens e mulheres sempre atentos ao seu Mestre. Parava, observava, buscava colher uma palavra. Ele parecia atento a tudo e a cada um. Deu-me uma imensa vontade de ser amigo dele. E, um dia em que ele passava pela praça onde eu trabalhava, havia grande tumulto. Um paralítico acabara de sair andando, carregando sua maca. Ele aproximou-se de mim, fitou-me atentamente e, erguendo sua mão, chamou-me. Nem pude ouvir bem o que falara. Apenas dei um salto, saudei-o com os votos de paz e tornei-me seu discípulo. Como sou feliz por isso! Minha vida começou naquele dia em que ele me olhou e eu o segui (Mt 9,9).

Décimo primeiro ato – A Torá oral de Jesus de Nazaré

A nossa viagem estava por terminar. Mateus continuaria a percorrer a Galileia e a Judeia ensinando. Eu precisava seguir viagem até Antioquia na Síria. Já sentia saudades das palavras de

Jesus pronunciadas por Mateus. Pedi que me escrevesse o que fosse mais importante, aquilo que eu nunca deveria esquecer, para alimentar a minha fé. Mateus me escreveu a seguinte lista.

Jesus falou:

- "Todo aquele que ouve essas minhas palavras e as põe em prática será comparado ao homem sensato que construiu sua casa sobre a rocha" (Mt 7,24).
- "Façam aos outros o que quereis que eles vos façam" (Mt 7,12).
- "Ponham, em primeiro lugar, na sua vida, o Reino de Deus e aquilo que Deus quer, e ele lhes dará todas essas coisas" (Mt 6,33).
- "Ninguém pode servir a dois senhores. Não podeis servir a Deus e ao dinheiro" (Mt 6, 24).
- "A lâmpada do corpo é o olho. Portanto, se teu olho estiver são, todo o teu corpo ficará iluminado" (Mt 6,22).
- "Orem assim: Pai nosso que estás nos céus, santificado seja o teu Nome, venha o teu Reino, seja feita a tua vontade na terra, como no céu. O pão nosso de cada dia dá-nos hoje. E perdoa-nos as nossas dívidas como também nós perdoamos aos nossos devedores. E não nos submetas à tentação, mas livra-nos do Maligno. Amém" (Mt 6,9-13).
- "Amai os vossos inimigos e orai pelos que vos perseguem" (Mt 5,44).
- "Não vim revogar a Lei ou os Profetas, mas dar-lhes pleno cumprimento" (Mt 5,17).
- "Vós sois o sal da terra" (Mt 5,13a). "Vós sois a luz do mundo" (Mt 5,14a).
- "Felizes os pobres no espírito, porque deles é o Reino dos Céus" (Mt 5,3).

Cumpra tudo isso. Esta é a vontade do Pai. Nela, você viverá plenamente, como promete o Deuteronômio.[13] Assim me escreveu Mateus num belo pergaminho, que agora trago sempre comigo.

Décimo segundo ato – Jesus inicia sua missão

Na última noite que passamos na hospedaria, Mateus contou-me como começou a missão de Jesus, às margens do Mar da Galileia. Após ter vivido sempre com seus familiares em Nazaré, trabalhando como carpinteiro, Jesus mudou-se para Cafarnaum, uma aldeia de pescadores, às margens do lago de Genesaré. Simão, chamado Pedro, o primeiro dos apóstolos, ele mesmo contou-me, quando na praia surgiu aquele homem de passos firmes e olhar penetrante. Ele viu Pedro, André, Tiago e João, no meio de seus trabalhos diários. Ele os chamou. Imediatamente o seguiram, e a partir daquele dia, os quatro não o deixaram mais. Jesus passou a trabalhar e a viajar com eles, indo hospedar-se na casa de Pedro.

Antes desta manhã, Jesus, sozinho, havia enfrentado as suas tentações, vencendo-as pela força da Palavra de Deus. Toda esta caminhada começou no dia em que Jesus mergulhou no Jordão, sendo ali batizado por João. Neste momento o Pai declarou: "Este é o meu Filho amado, em quem me comprazo" (Mt 3,17).

Décimo terceiro ato – A vida silenciosa de José, o patriarca

Quando acordei naquela manhã, já não vi mais Mateus. Junto à esteira, achei estes escritos que agora divulgo pelo mundo afora. Estas divinas palavras sustentaram a minha fé,

---

[13] Cf. Dt 4,3-6; 5,29-31; 8.1-6; 11,12-15; 28,1-2.

ensinaram-me a amar Jesus e a esperar a vida que há de vir. Hoje vivo os meus dias anunciando o nome de Jesus e praticando os ensinamentos do Evangelho.

Nos escritos de Mateus, ainda descobri muitas outras coisas. Conheci o silencioso José de Belém, o carpinteiro, e esposo de Maria de Nazaré, a mãe de Jesus. Descobri como Jesus havia vindo ao mundo e o seu destino de ser luz para todas as nações da terra (Mt 2,1-12).

Pelo Evangelho de Mateus, conheci Jesus, o Ressuscitado, morto pelas autoridades de Jerusalém e de Roma, profeta poderoso em palavras e atos, não compreendido por parentes nem por estranhos. Ele veio do Pai dos Céus para carregar nossas dores, para nos oferecer repouso e nos encher de plena alegria. Ele é o Messias esperado. Ele é o Filho do Homem. Ele é o filho de Davi. Ele é o filho de Abraão. Ele é o filho de Maria. Ele é o Filho de Deus, Salvador de todos os homens e mulheres.[14] Bendito seja ele, o Senhor, para sempre e por toda a eternidade. Amém.

---

[14] Veja com toda atenção a página de abertura do Evangelho de Mateus (Mt 1,1-17). Ele faz uma bela leitura panorâmica de toda a Escritura Judaica. Divide toda a história em três etapas de 14 gerações: de Abraão a Davi; de Davi ao Exílio; do Exílio até a chegada do Messias, Jesus. Ele começa por Abraão e chega até Jesus, filho de José, esposo de Maria. Mateus inclui nesta grande *toledot* (história da família) de Jesus que incluem cinco mulheres: Tamar (Mt 1,3b); Raabe (Mt 1,5b); Rute (Mt 1,5c); Betsabeia, a esposa de Urias (Mt 1,6) e Maria, esposa de José (Mt 1,16).

2
Leitura panorâmica do Evangelho de Mateus

Um olhar atento sobre a obra mateana pode ajudar-nos a perceber as lacunas, omissões, personagens não mencionados e palavras não citadas. Nesta visão panorâmica do Evangelho de Mateus, vamos perceber, na experiência de Jesus, o retrato da experiência de seu povo, que foi exilado, perseguido por causa de sua fé, resistência aos seus profetas, morte de suas lideranças e, mesmo assim, tornou-se luz das nações. Jesus é herdeiro dessa fé.

O êxodo de Jesus

Mateus, em seu Evangelho, demonstra como as promessas feitas a Israel se cumpriram em Jesus, filho de Davi, filho de Abraão e filho de Maria de Nazaré. Toda a história do nascimento, vida, obra e morte de Jesus evocam a caminhada do povo de Deus. De certa forma, Jesus refaz em sua vida os passos do povo de Israel desde Abraão. Desde seus primeiros dias, do nascimento ao êxodo, como seu povo, Jesus é reconhecido como rei e Deus, sendo adorado por sábios peregrinos vindos do Oriente. Mas, sua vinda entre os homens, também despertou a fúria de outros que imediatamente decretaram a sua morte.

A perseguição faz de Jesus e de sua família peregrinos pelos desertos e forasteiros no Egito por muitos anos. Retornando para Israel e estabelecendo-se em Nazaré, Jesus e sua família cumprem a profecia de Oseias: "Eu chamei meu Filho, que estava na terra do Egito" (Os 11,1; Mt 2,15).[1]

Para coroar o número dos profetas que anunciaram o Messias, João Batista surgiu no deserto. Era a voz que gritava convidando a todos para preparar o caminho do Senhor. João batizou Jesus nas águas do Jordão. Nessa hora, o Espírito de Deus, que conduz toda a História, desceu sobre Jesus, e a voz de Deus revelou sua identidade escondida: "Este é meu Filho amado, em quem me comprazo" (Is 42,1; Mt 3,17).

O Espírito de Deus, que conduz Jesus, sustenta-o para se opor e vencer o tentador. Tendo superado a sua prova pela força da Palavra de Deus, Jesus mudou-se para Cafarnaum, uma pequena cidade de pescadores às margens do Mar da Galileia. Dos pescadores desta cidade, ele chamou o primeiro grupo de discípulos: Pedro, André, Tiago e João. Com eles, passou a percorrer a Baixa Galileia,[2] curando todas as enfermidades e anunciando a Boa-Nova: "Arrependei-vos, porque está próximo o Reino dos Céus" (Mt 4,17).

Palavras persuasivas

O anúncio do Reino dos Céus aconteceu por meio de persuasivas palavras do Mestre Jesus. Seu primeiro grande discurso foi feito do alto da montanha. Os discípulos,

---

[1] "Denota a retirada de Moisés e de Judas Macabeu, diante da hostilidade imperial em Ex 2,15 e 2Mc 5,27". CARTER, Werren, *O Evangelho de Mateus*; comentário sociopolítico e religioso, a partir das margens. São Paulo: Paulus, 2002. p. 121.

[2] "A baixa Galileia é uma pequena área limitada pela planície de Esdrelon, e pelo vale de Nazaré ao Sul e pelo planalto de Merom ao Norte. A Oeste fica a planície de Aco e a Leste o mar da Galileia ou Quineret. Na Galileia, o movimento para Leste e Oeste é muito mais fácil do que para o Norte e o Sul. As montanhas escarpadas dificultam as viagens a pé ou até de carro, para o Norte e para o Sul. Em um dia é possível atravessar a Baixa Galileia a pé, de Oeste para Leste." OVERMAN, J. A. *Igreja e comunidade em crise*; o Evangelho segundo Mateus. São Paulo: Paulinas, 1999. p. 70.

assentados ao seu redor, prestavam atenção em sua mensagem. Em suas palavras, ele dizia que seus discípulos são o sal e a luz do mundo, para que assim, por meio de suas boas obras, o Pai pudesse ser glorificado. Ensinou-lhes ainda os mandamentos, especialmente o amor aos inimigos. Orientou-os sobre o modo correto de dar esmolas, de fazer orações e de jejuar. Com esta pequena e sábia ordem resumiu toda a Lei e os Profetas: "Fazei aos outros o que quereis que eles vos façam" (Tb 4,15; Mt 7,12). Ele insistiu para que suas palavras fossem ouvidas e colocadas em prática. Quem assim o fizer estará cumprindo a vontade do Pai e construindo sua casa sobre a rocha.[3]

O Reino dos Céus começa a ser visível pelas ações maravilhosas realizadas por Jesus. Peregrinando pelas aldeias e cidades da Baixa Galileia, Jesus cura a todos os que se aproximam dele com fé. Cura homens e mulheres, judeus e estrangeiros, crianças e velhos e, até mesmo, alguém que lhe toca o manto no meio da multidão. Ele realiza plenamente o que foi anunciado por Isaías: "Ele tomou nossas enfermidades e carregou nossas doenças" (Is 53,4; Mt 8,17).[4] À medida que os milagres vão acontecendo, os discípulos se perguntam: quem é esse? Seguir Jesus testemunhando os seus milagres foi a escola em que seus discípulos missionários amadureceram e fortaleceram a fé.

---

[3] "O domínio sobre a cobiça no próprio coração é o que os moralistas chamam de 'não' sagrado: a nobreza da capacidade de opor um 'não' a todas as seduções contrárias à ética." LAPIDE, P. *O sermão da montanha*; utopia ou programa? Petrópolis: Vozes, 1986. p. 42.

[4] "O contexto do cântico do servo, que trata de seus sofrimentos e sua morte (Is 52,13–53,12), mostra que Mateus alude à paixão e morte de Jesus como a força que vai então tirar as doenças e enfermidades da humanidade. Aparece o sentido que Mateus quer dar às curas: é expressão da salvação integral do que acontecerá em Jesus". MATEOS, J; CAMACHO, F. *O Evangelho de Mateus*. São Paulo: Paulus, 1993. p. 93.

Discípulos missionários e discípulas missionárias

Jesus ficou pesaroso pelo fato da multidão estar abatida, por não ter pastores que a guiassem. Ele constituiu o grupo dos doze discípulos, aos quais chamou de mensageiros, enviados e apóstolos. Tendo preparado os doze deu-lhes autoridade de curar toda sorte de males e enfermidades (Mt 10,1). Era necessário formá-los bem para a missão de anunciar o Reino dos Céus. Para isso, Jesus dedicou-lhes atenção, tempo e instrução, para depois enviá-los em missão. Os doze devem anunciar aos filhos de Israel que "o Reino dos Céus está próximo" (Mt 3,2; 4,17; 10,7). Devem desempenhar a missão, como pobres, e não cobrar nada por seus serviços. Eles serão sustentados pelas pessoas de boa vontade que os acolherem.

Jesus, ainda, os alerta sobre as perseguições, pois são "como ovelhas entre lobos" (Mt 10,16).[5] Mas não devem ter medo, pois o Pai cuida de cada um com toda atenção. Somente poderá ser um mensageiro digno, aquele que tomar a sua cruz e seguir o Senhor (Mt 10,38). A única forma do discípulo de Jesus ganhar a sua vida consiste em oferecê-la, entregá-la, perdê-la totalmente.

Oposição a Jesus

Ao mesmo tempo em que Jesus foi acompanhando e formando pacientemente o grupo dos seus discípulos e de suas discípulas, outro grupo de resistência e oposição aos seus ensinamentos foi-se formando gradualmente. Até mesmo os discípulos de João Batista estavam em dúvida e queriam saber se Jesus era mesmo o Messias ou se deviam esperar outro. Os

---

[5] "Uma ameaça contínua pesa sobre a comunidade cristã, por causa da sua pertença a Cristo que não se distingue das frequentes e significativas experiências de ódio, da parte do mundo que a rodeia." GRILLI, M. *Comunità e missione*; le direttive di Matteo. Frankfurt: Peter Lang, 1992. p. 262.

moradores das cidades da Galileia desconfiavam dos milagres de Jesus. Alguns fariseus condenavam os "mensageiros de Jesus", por estarem trabalhando no dia de sábado. Outros chegaram mesmo a chamar Jesus de Beelzebu, isto é, o chefe dos demônios. Os escribas pediam a Jesus um sinal para que pudessem acreditar nele. E até mesmo os parentes de Jesus pensavam que ele tivesse enlouquecido. A perseguição não constituía uma novidade na vida de Jesus; afinal, ele fora perseguido desde o primeiro dia de sua vida (Mt 2,16-18).

Jesus não se intimida. Ele confronta os punhos cerrados da hostilidade e os rostos gélidos da desconfiança com o louvor ao Pai, que escolheu os pequenos para lhes revelar o Reino dos Céus (Mt 11,25). Ainda mais, se ofereceu a si mesmo como repouso seguro para todos os perseguidos sem força, dizendo: "Vinde a mim todos os que estais cansados sob o peso do vosso fardo e vos darei descanso" (Eclo 24,19; Mt 11,28). E, por fim, Jesus oferece-nos uma chave bíblica para que possamos entender as perseguições e os sofrimentos suportados por ele. Ele se apresenta como o autêntico "servo sofredor" anunciado por Isaías (Is 42,1-4; Mt 12,18-21).[6]

O Reino dos Céus

A multidão que seguia Jesus portava-se de forma ambígua, por vezes, acolhendo-o e confiando nele, por vezes, abandonando-o e duvidando dele. Por isso, Jesus passou a falar às multidões em parábolas. Somente aos seus "mensageiros", privadamente, explicava-lhes o sentido escondido de suas histórias. O tema de todos os "casos" de Jesus era sempre o mesmo: o que é o Reino dos Céus? O Reino dos Céus, dizia Jesus, é a boa

---

[6] "Mateus coloca Jesus como o verdadeiro Messias na perspectiva do servo sofredor." MAZZAROLO, Isidoro. *Evangelho de Mateus*. Rio de Janeiro: Mazzarolo editor, 2005. pp. 187-188.

e pequenina semente lançada em terrenos diversos, juntamente com sementes ruins de uma praga, chamada "joio". O Reino dos Céus é também semelhante, continuava Jesus, ao fermento colocado na massa do pão; a um tesouro escondido num campo; a uma preciosa pérola achada por um mercador e a uma rede lançada no mar, apanhando todo tipo de peixe.

Depois destas palavras e milagres de Jesus, toda a Galileia e regiões vizinhas ouviram falar dele e todos estavam maravilhados. No entanto, em sua cidade natal, Nazaré, Jesus não foi bem-aceito. Até o rei Herodes estava espantado e, com muito medo, achava que João Batista havia ressuscitado. As multidões que seguiam Jesus estavam em grande alvoroço, após terem comido do pão e do peixe, abençoados e multiplicados. Os seus "mensageiros", diante de tudo isso, tinham medo e até mesmo duvidavam.[7] Os fariseus e escribas, vindos de Jerusalém, acusavam Jesus de não observar "as tradições dos pais", e lhes pediam um sinal do céu para que pudessem acreditar nele (Mt 16,4). Em meio a todas essas reações Jesus continuou curando os doentes, acolheu os estrangeiros e ajudou a todos os que dele se aproximavam (Mt 15,29-31).[8]

Os mensageiros

Há algum tempo, discutia-se entre a multidão sobre a identidade de Jesus. Então, ele mesmo resolveu perguntar aos seus "mensageiros" quem eles pensavam que ele era. Sem saber bem o que dizer, eles perceberam semelhanças nas palavras e ações de Jesus com muitos profetas, especialmente com Jeremias (Mt 16,14). Mas somente a Pedro foi revelado quem

---

[7] Cf. Mt 14,31; Mt 28,17. O tema da dúvida dos discípulos em Mateus.
[8] "As curas que Jesus faz correspondem às 'obras do Messias'; mesmo assim João Batista teve dúvidas e mandou perguntar: És tu aquele que há de vir ou devemos esperar outro?" (Mt 11,2-5; Is 29,18-21; 35,5-10). MATEOS; CAMACHO, op. cit., p. 178.

de fato era Jesus. E ele professou: "Tu és o Cristo, o Filho do Deus vivo" (Mt 16,16). Pedro, entretanto, mesmo recebendo "as chaves do Reino dos Céus", não aceita o anúncio da paixão e morte de Jesus. O primeiro "mensageiro de Jesus" ainda precisaria caminhar muito nos passos do Mestre. Para ajudá-lo, Jesus mostrou sua glória divina no Monte Tabor.

Mateus mostra Jesus sobre o Monte Tabor entre Moisés e o profeta Elias[9] que conversavam com Jesus. E o Pai que se revela convidando a comunidade a reler Moisés e Elias, a partir da interpretação que ele dá à Torá e aos Profetas. Para confirmar de modo irrefutável a divindade de Jesus, a voz de Deus foi ouvida por Pedro, Tiago e João, ordenando-lhes que escutassem Jesus, o Filho bem-amado do Pai (Mt 17,5).[10]

A missão da comunidade

Antes de Jesus ir para a Judeia, onde devia beber o seu cálice, ele ensinou como devia ser a comunidade dos seus discípulos e das suas discípulas. A comunidade poderia ser bem pequena, apenas dois ou três, mas se lá houvesse boa acolhida e união, o Senhor Jesus estaria sempre ali, no meio dos seus. A acolhida e a proteção aos pequenos foram definidas por Jesus como a principal missão da comunidade dos seus discípulos e das suas discípulas. Por fim, na comunidade o perdão devia ser uma característica permanente. Uma ovelha perdida jamais deve ser esquecida e abandonada. Jesus chamou os seus "mensageiros" para procurar, encontrar e trazer de volta à vida as suas ovelhas desgarradas. Assim, Jesus definiu sua Igreja

---

[9] Veja Mc 9,4. Marcos, talvez sob influência de fortes correntes apocalípticas, diz que Elias e Moisés estavam conversando com Jesus (ele inverte a ordem consagrada: Moisés e Elias). Veja Lc 9,31. Lucas modificou mais uma vez o mesmo versículo, incluindo o tema da conversa entre Jesus, Moisés e Elias. Eles conversavam sobre o Êxodo.
[10] "Vivendo assim na morte de Jesus, a Igreja sabe que o Senhor glorificado está latente nela (Mt 17,1-8)." PIKAZA, J. *A teologia de Mateus*. São Paulo: Paulus, 1984. p. 90.

como uma comunidade acolhedora, em constante testemunha da comunhão e transbordante de misericórdia (Mt 18,21-35).[11]

Quem é o maior?

Já às portas de Jerusalém, Jesus teve diante de si, de um lado, a hostilidade das autoridades religiosas de Jerusalém, procurando pretextos para matá-lo; de outro, os ciúmes e disputas de seus próprios discípulos. Aos seus "mensageiros", Jesus apontou o exemplo das crianças, pois o Reino dos Céus pertence àquelas pessoas que são como as crianças: disponíveis e dispostas a crescer (Mt 19,14).[12] Deu-lhes também o grande mandamento do serviço, dizendo: "Entre vós não deverá ser assim. Ao contrário, aquele que quiser tornar-se grande entre vós seja aquele que serve, e o que quiser ser o primeiro dentre vós, seja o vosso servo" (Mt 20,26-27). Aos que o queriam pôr em dificuldades e fazê-lo autocondenar-se por alguma palavra, Jesus contou-lhes a história dos trabalhadores da vinha, contratados na última hora. Todos os trabalhadores, ao final do dia, receberam o mesmo salário combinado, pois ele disse: "Os últimos serão os primeiros, e os primeiros serão os últimos" (Mt 20,16). Assim, já em Jericó, dois cegos, tendo sido curados por Jesus, tornaram-se seus seguidores. Eles são do número dos "últimos", que Jesus quis contar entre os primeiros.

As autoridades

Jesus entrou em Jerusalém seguido pelos seus "mensageiros" e pelos dois cegos da última hora. Toda a cidade foi

---

[11] "Os ensinamentos e atos de Jesus na narrativa de Mateus servem para criar e fortalecer a identidade de grupos dos que procuram justiça e perfeição divina." SALDARINI, A. J. *A comunidade judaico-cristã de Mateus*. São Paulo: Paulinas, 2000. p. 203.

[12] "Nas famílias alternativas dos discípulos, as crianças têm um lugar legítimo, não marginal." CARTER, op. cit. p. 485.

agitada por causa da chegada do profeta de Nazaré da Galileia. Imediatamente, Jesus cumpriu dois atos proféticos: expulsou do Templo os que o transformaram em casa de comércio e amaldiçoou a figueira em que somente encontrara folhas.[13] As autoridades religiosas de Jerusalém, os sumos sacerdotes e os anciãos não se conformavam com o que Jesus acabara de fazer. Eles queriam saber quem havia dado a Jesus autoridade de questionar o Templo Sagrado e os seus líderes legítimos.

A este público, pronto para matá-lo, Jesus falou novamente em parábolas. Em seus "casos", Jesus comparava as autoridades religiosas de Jerusalém a um filho que prometeu trabalhar na vinha do seu pai, mas depois não foi. Também comparou aos trabalhadores que arrendaram uma vinha e, além de não pagarem o arrendamento, mataram o herdeiro. Ou, ainda, a convidados para um banquete de casamento que na hora marcada recusaram-se a participar, inventando desculpas esfarrapadas.

Escutando tudo isso, os sumos sacerdotes, os anciãos, os teólogos e líderes religiosos do povo, queriam prender Jesus. A fim de realizarem seu intento, colocavam algumas "ciladas" para fazer Jesus cair, dizendo: "É lícito pagar imposto a César, ou não?" (Mt 22,17). Queriam também saber sobre a ressurreição dos mortos, sobre qual seria o maior mandamento, e de quem o Messias seria filho. Mas como ninguém obteve sucesso nas ciladas armadas contra Jesus, todos se calaram.

Os ais de Jesus

Então Jesus, como os grandes profetas,[14] proferiu diante da multidão e dos discípulos suas lamentações, por causa da hipocrisia dos líderes religiosos de Jerusalém. Eles fecharam

---

[13] Cf. Jr 8,13; 23,1-10. A imagem da figueira no livro do profeta Jeremias.
[14] Cf. Am 5 e 6; Is 5 e 29; Jr 22 e 23; 48 e 50.

o Reino dos Céus aos outros e a si mesmos. Faziam o máximo para converter alguém, mas o transformavam em pior que eles próprios. Eram como que cegos guiando cegos. Pagavam o dízimo de tudo, mas esqueciam-se do amor e da misericórdia. Eles limpavam o copo e o prato por fora, mas seus corações estavam repletos de cobiça. Eram como que sepulcros caiados. Mataram os profetas e pareciam víboras. Mas, mesmo assim, Jesus amava os filhos e as filhas de Jerusalém e gostaria de reuni-los, como uma galinha recolhe os seus pintinhos (Mt 23,37).

Diante do Templo de Jerusalém, em sua exuberância e grandeza monumentais, Jesus proferiu seu último discurso. Ele falou da realização plena do Reino dos Céus com a vinda do Filho do Homem. Sua chegada será anunciada por perseguições, aflições terríveis e surgimento de profetas e messias falsos. Aos discípulos, Jesus preveniu insistindo que fossem vigilantes, como um servo prudente que foi encarregado de administrar a casa do seu Senhor, ou como as virgens que esperavam o noivo durante a noite, para entrarem com ele na festa do casamento. Por fim, Jesus contou dois "casos" sobre o dia do juízo final. No primeiro, o juiz, que é Deus, elogiou e premiou os servos que multiplicaram os seus talentos e puniu aquele servo preguiçoso que nada fez com o que recebera. No segundo, o juiz separou as ovelhas dos bodes. As ovelhas acolhidas no Reino dos Céus são aquelas que sempre serviram aos pobres e sofredores, como se fosse o próprio Jesus. Quanto aos bodes são aqueles que nada fizeram a seus irmãos. Esses são condenados a um castigo eterno (Mt 25,31-46).

As autoridades religiosas de Jerusalém, sentindo-se afrontadas e atacadas por Jesus, armaram um complô para prendê-lo e conduzi-lo à morte.[15]

---

[15] "Mateus não se opõe ao Templo em si, muito menos à Lei judaica (isto é, bíblica). Ele é, antes, contra os negócios que costumam acontecer no Templo, entre os seus." SALDARINI, op. cit. p. 119.

Os últimos dias

Faltando dois dias para a Páscoa, *na quarta-feira,* Jesus passou a noite em Betânia e lá foi ungido por uma mulher. Ele declarou que a mulher havia feito aquilo em vista do sepultamento dele. No mesmo dia, Judas Iscariotes, um dos doze "mensageiros" de Jesus, combinou com os líderes religiosos como e por quanto entregaria Jesus.

Na quinta-feira, Jesus mandou seus discípulos prepararem tudo para a Ceia Pascal. Durante a Ceia, ele tomou o pão ázimo e disse: "Tomai e comei, isto é o meu corpo"; e tomou o cálice e disse: "Bebei dele todos, pois isto é o meu sangue" (Mt 26,26-28).

Já era alta noite *quando* Jesus retirou-se com seus discípulos para o Monte das Oliveiras. Tendo tomado consigo Pedro, Tiago e João, afastou-se um pouco e pediu-lhes que vigiassem com ele, pois estava muito triste e terrivelmente angustiado. Então, sozinho, rezou três vezes ao Pai, para que aquela hora passasse e que a vontade do Pai se cumprisse. Os três "mensageiros" que estavam com ele dormiram e Jesus os alertou: "Vigiai e orai, para que não entreis em tentação" (Mt 26,41). Jesus ainda estava falando, quando chegou Judas Iscariotes com uma multidão bem armada de espadas e paus. Judas saudou e beijou Jesus e, imediatamente, os que o acompanhavam o prenderam.

De madrugada, Caifás, o sumo sacerdote, os teólogos e os anciãos interrogaram Jesus e o declararam réu de morte (Mt 26,65-66). *Nesta mesma hora*, Pedro, tentando se esquivar dos servos do sumo sacerdote, negou Jesus por três vezes. E, lembrando-se de que Jesus lhe havia avisado, saiu correndo e "chorou amargamente" (Mt 26,75).

Na sexta-feira, ainda *muito cedo*, os líderes religiosos de Jerusalém levaram Jesus a Pilatos, o governador romano.

Interrogado, Jesus permaneceu em silêncio. Por ser tempo da Páscoa, o governador pediu que o povo escolhesse libertar Jesus ou Barrabás. O povo escolheu Barrabás. E a Jesus, Pilatos mandou açoitar. Depois o entregou para ser crucificado.

Antes do meio-dia, Jesus foi pregado na cruz. Deram a Jesus vinho e fel para amenizar as dores, mas ele não quis beber. Com ele foram crucificados dois ladrões, um à sua direita e o outro à esquerda. Os que passavam ali, as autoridades religiosas e até os que estavam crucificados ao seu lado, zombavam e caçoavam dele.

Ao meio-dia, a escuridão cobriu toda a terra. *Às três da tarde,* Jesus deu um forte grito: *"Eli, Eli, lamá sabachtháni?"* (Mt 27,46). E, dando outra vez um forte grito, entregou o seu espírito. O véu do santuário se rasgou. A terra tremeu e as pedras partiram. Abriram-se os túmulos e os santos ressuscitaram. O centurião e os guardas, com medo, disseram: "De fato, este era Filho de Deus" (Mt 27,54). Maria Madalena, Maria, mãe de Tiago e de José, e a mãe dos filhos de Zebedeu, que eram discípulas de Jesus desde a Galileia e o serviam, estavam ali e observavam tudo.

Ao cair do sol da sexta-feira, Jesus foi sepultado por José de Arimateia, um rico que se tornara seu discípulo. Maria Madalena e a outra Maria estavam ali sentadas, em frente ao sepulcro (Mt 27,61).

(*No Sábado*, todos cumpriram o descanso. Tudo foi silêncio).[16]

---

[16] "Quando o cordeiro quebrou o sétimo selo, houve silêncio no céu por mais ou menos meia hora" (Ap 8,1).

A ressurreição

No domingo, ao raiar do sol, Maria Madalena e a outra Maria foram ao sepulcro. Estando lá, sentiram um forte terremoto que fez rolar a pedra do túmulo. Logo após, viram o Anjo do Senhor, semelhante a um relâmpago, com roupa tão branca quanto a neve. Este lhes falou que Jesus havia ressuscitado e que elas deviam sair e anunciar aos discípulos: "Ele ressuscitou e vos precede na Galileia" (Mt 28,7).

Enquanto saíam para dar a grande notícia, Jesus mesmo veio ao encontro delas e reafirmou-lhes a missão de anunciar a sua ressurreição aos seus irmãos. Os guardas do sepulcro fugiram com medo. Tendo anunciado aos sumos sacerdotes o acontecido, foram pagos para dizer que os discípulos de Jesus haviam roubado seu corpo durante a noite, enquanto eles dormiam.

Reunidos no monte da Galileia, como lhes fora indicado, os onze viram Jesus ressuscitado e se prostraram diante dele. Alguns ainda duvidavam em seus corações. Jesus aproximou-se deles e lhes ordenou: "Ide e fazei que todas as nações se tornem discípulos, batizando-as em nome do Pai, do Filho e do Espírito Santo e ensinando-as a observar tudo quanto vos ordenei" (Mt 28,19-20). E Jesus se despediu deles com estas últimas palavras de conforto e de segurança: "Eu estou convosco todos os dias, até a consumação dos séculos" (Mt 28,20).[17]

---

[17] Cf. Mt 11,25-30; 12,46-40; 18,19-29. A presença de Jesus na comunidade dos discípulos.

3
Eixos da Teologia de Mateus

O Evangelho de Mateus testemunha a solidez das promessas eternas de Deus, realizadas em Jesus, deixando aos seus seguidores a missão de fazer com que todas as nações se tornem discípulas (Mt 28,19-20).[1]

Por isso, Mateus teve o cuidado de conservar no seu Evangelho os *grandes eixos* da sua teologia, que deveriam nortear a comunidade e todas as que fossem aderindo a Jesus. Estes grandes eixos da sua teologia estão radicados no empenho ético como eixo dominante, submetendo a ele os demais: o eixo cristológico, o eclesiológico e o normativo.

Eixo ético

O Reino dos Céus tem uma dimensão essencialmente social

Mateus, no seu Evangelho, traz cinco grandes discursos descritos em uma forma característica de apresentação: *ele cria um cenário:* cercado pela multidão subiu ao monte, sentou-se, aproximaram-se dele os discípulos e ele começou a falar e a ensinar-lhes (Mt 5,1-2; 13,1-3). Ao terminar, Mateus faz a *conclusão do discurso com fórmulas fixas:* "... e aconteceu

---

[1] "Ensinar as nações 'a observar tudo quanto' Jesus ordenou significa ensinar as pessoas a entenderem o lugar e o papel que têm em Israel e também a sobreviverem no período precário de 70 a 135 E.C." OVERMAN, J. A. *Igreja e comunidade em crise*; o Evangelho de Mateus. São Paulo: Paulinas, 1999, p. 451.

que ao terminar essas palavras, Jesus..." (Mt 7,28; 19,1) ou "... quando Jesus acabou de dar instruções aos doze discípulos..." (Mt 11,1; 13,53; 26,1).

O conteúdo desses discursos é a ética. Nesse enfoque entende-se melhor o sentido da afirmação de Jesus "que veio para levar ao cumprimento a Lei (Mt 5,17-19), a superação de certas normas mosaicas" (Mt 5,21-48),[2] isso não para atenuar, antes, para realizar, de forma mais profunda, a vontade de Deus (Mt 19,8), concentrando-se no amor que já era central no Primeiro Testamento.[3]

Mateus deixa claro que a fonte de todas as ações humanas, justas e boas, consiste em três princípios elaborados em polêmica, contra uma religião superficial e hipócrita.

Princípio 1 – A experiência religiosa dos discípulos de Jesus devia superar o comportamento dos escribas e fariseus (Mt 5,20), por isso eles são chamados a serem perfeitos como o Pai que está nos céus (Mt 5,48).

Princípio 2 – A experiência religiosa dos discípulos de Jesus devia levá-los a uma confiança tal no Pai dos céus, a ponto de acreditarem na recompensa daquilo que é feito em segredo (Mt 6,4.6.18) e não se mostrarem religiosos e piedosos aos outros, apenas pelas aparências (Mt 6,1.5.16).

Princípio 3 – A experiência religiosa dos discípulos de Jesus devia levá-los a consagrarem sua vida, seguindo um só mandamento: amar a Deus totalmente, na experiência concreta do amor aos irmãos (Mt 7,12) e não se deixarem aprisionar na gaiola dos preceitos e de normas rigorosas.[4] Desses princípios

---

[2] Cf. Mt 15,1-20; 19,1-9.
[3] Mt 7,12; 9,13; 12,7; 22,34-40; 23,23; 25,31-46.
[4] "Fiquem alertas e tomem cuidado com o fermento dos fariseus e dos saduceus" (Mt 16,6).

essenciais, decorre a interpretação que Jesus faz da Torá de Moisés.

Em três ícones narrativos, Mateus oferece um resumo[5] da Torá de Jesus.[6] Reunindo todos os mandamentos essenciais, podemos compor o seguinte código ético de Jesus:

1. "Seja justo (reto), seja fiel, seja misericordioso" (Mt 5,6-7.20; 7,12). As ações dos discípulos de Jesus devem ser como sal e luz para a humanidade (Mt 5,13-16).[7]

2. "Não mate" (Mt 5,21-26). Os discípulos de Jesus pautam suas ações não por indagações de direito e de culpa, mas pela busca da reconciliação, rejeitando toda e qualquer negação à vida (Mt 25,35-36).

3. "Não cometa adultério" (Mt 5,27-32; Mt 19,4-7). A radicalidade da interpretação de Jesus nasce da exigência imposta aos seus discípulos, de terem, em tudo, um coração puro para poderem ver a Deus (Mt 5,8).

4. "Não roube" (Mt 19,18; 6,24-34). Os discípulos de Jesus, enviados como missionários pobres (Mt 10), devem se preocupar, prioritariamente, com as coisas do Reino de Deus e com aquilo que Deus quer. Todas as outras coisas necessárias à vida, o próprio Senhor providenciará (Mt 6,33).

5. "Não dê falso testemunho contra ninguém" (Mt 19,18; Mt 5,33-37). Os discípulos de Jesus, cidadãos do Reino dos Céus, testemunham a veracidade de cada uma de

---

[5] No decálogo essencial que Jesus apresentou ao homem que queria saber o que fazer de bom para entrar na vida eterna (Mt 19,16); na grande lamentação que Jesus proferiu contra os escribas e fariseus hipócritas (Mt 23,23) e, finalmente, na parábola do juiz que separa as ovelhas dos cabritos (Mt 25,31-46).

[6] Cf. Mt 19,16; 23,23; 25,31-46.

[7] Cf. ZEILINGER, F. *Entre o céu e a terra*; comentário ao Sermão da Montanha (Mt 5–7). São Paulo: Paulinas, 2008, p. 87.

suas palavras e, acima de tudo, a veracidade de seu ser, em relação a Deus, aos semelhantes e a si mesmos.[8] Não cabe, em suas vidas, serem pessoas sem palavra ou de duas palavras.

6. "Respeite seu pai e sua mãe" (Mt 19,19; 15,1-9). Mesmo colocando o Reino de Deus em primeiro lugar no seguimento de Jesus (Mt 4,21-22), os discípulos de Jesus honram seus pais e os assistem sem ambivalências, subterfúgios e desculpas (Mt 15,3-9).

7. "Ame os outros como você ama a você mesmo" (Mt 19,19b; 22,34-40). Deste mandamento combinado com o princípio fundamental do "amor a Deus" dependem todas as leis da Torá e todos os ensinamentos dos Profetas.[9] A outra fórmula, que para Mateus resume toda a Lei e os Profetas, é do livro de Tobias (Tb 4,15): "Façam aos outros o que querem que eles façam a vocês" (Mt 7,12a).

8. "Alimente o faminto, dê de beber ao sedento, vista o que estiver nu" (Mt 25,35-36.38-39.42-43.44). O sentido escatológico das ações dos discípulos de Jesus revela-se, plenamente, no julgamento final. Na vida, os discípulos declaram-se por Jesus, servindo aos irmãos; no final da vida, Jesus se declara pelos seus discípulos, diante do Pai (Mt 10,32).

9. "Acolha quem estiver sem casa" (Mt 2,13-15; 4,12-14; 8,18-20). Imitando as obras de Jesus, os discípulos acolhem e servem a todos: os humilhados e estrangeiros

---

[8] Ibid., p. 128.
[9] Cf. Dt 6,5; Lv 19,18. A oração "escuta Israel" e a lei de santidade do Levítico já aproximavam os dois mandamentos.

(Mt 8,1-4.5-13; 15,21-28); os que têm espíritos impuros (Mt 9,32-34); os pecadores (Mt 9,9-13; 11,19).

10. "Visite os doentes e os que estão presos" (Mt 4,23-24).[10] Em cumprimento da ordem de Jesus, os seus discípulos continuam a sua obra terapêutica (Mt 10,7-8).

No Evangelho de Mateus, a interpretação de Jesus quanto à essência da Lei mostra-se criativa e inovadora em três pontos fundamentais, no texto do Código do Sinai (Ex 20 e Dt 5):

1. Exclui toda referência à estrita observância ritual do sábado.[11]
2. Deixa subentendido os mandamentos que se referem à relação com Deus.[12]
3. Expõe apenas os mandamentos que se referem à relação com os outros.[13]

O empenho ético dos discípulos de Jesus configura e renova, constantemente, a imagem da comunidade. As palavras de Jesus: "Vós sois o sal da terra e vós sois a luz do mundo" (Mt 5,13.14) atestam a permanente missão dos seus discípulos no mundo. Essa mesma ação edificadora da Igreja determina a participação dos discípulos e das discípulas no Reino dos bem-aventurados. Como as palavras de Jesus também atestam: "Vinde e recebei por herança o Reino preparado para vós desde a fundação do mundo" (Mt 25,34c). O modelo de comunhão com o Pai e de amor aos irmãos consiste na vida e na obra de Jesus, descritas por Mateus em seu Evangelho. O núcleo deste modelo podem ser as palavras de Jesus, colocadas

---

[10] Cf. Mt 8,14-17; 9,13.36; 12,7.
[11] Cf. Ex 20,8-11; Dt 5,12-15.
[12] Cf. Ex 20,1-7; Dt 5,1-11.
[13] Cf. Ez 18,1-31; Mq 6,1-8.

no final do Sermão da Missão (Mt 11): "Vinde a mim todos os que estais cansados sob o peso do vosso fardo e vos darei descanso" (Mt 11,28).

Eixo cristológico

Jesus Mestre e Legislador, Messias e Salvador, Senhor morto e ressuscitado

O Jesus de Mateus aparece, antes de tudo, como Mestre, não um mestre no estilo grego ou judaico. É um Mestre superior a todos os outros mestres em Israel (Mt 7,28s), superior ao próprio Moisés: "Ouvistes o que foi dito aos antigos... mas eu, porém, vos digo" (Mt 5,21-48). Ele aparece como legislador definitivo e deixa entrever a sua identidade como juiz eterno: "... eu lhes direi: nunca vos conheci. Apartai-vos de mim, vós que praticais a iniquidade" (Mt 7,23).[14]

Mateus apresenta Jesus de forma solene e majestosa, não reproduzindo alguns aspectos da psicologia humana de Jesus que aparecem em Marcos, como: dor e ira, o maravilhar-se, o amedrontar-se,[15] mas acrescenta três pequenos elementos que transformam cada encontro de Jesus como num pequeno cerimonial de corte:

1. Jesus parado a certa distância, a pessoa dirige-se a ele.
2. Faz uma inclinação profunda.
3. É interpelado com o título de Senhor.[16]

---

[14] FUSCO, A. Matteo. In: *Nuovo Dizionario di Teologia Biblica*. Edizioni Paoline: Torino, 1988. pp. 930-937.
[15] Cf. Mt 12,12 com Mc 3,5; Mt 16,1s com Mc 8,12; Mt 13,58 com Mc 6,6; Mt 26,37 com Mc 14,33.
[16] Cf. Mt 20,20 com Mc 10,35; Mt 8,25 com Mc 4,38.

Até mesmo na paixão de Jesus, Mateus sublinha o aspecto ético, quando é tentado na cruz: "Tu que destróis o templo e em três dias o edificas, salva-te a ti mesmo, se és o Filho de Deus e desce da cruz" (Mt 27,40). E mais: "Confiou em Deus, pois, que o livre agora, se é que se interessa por ele! Já que ele disse: Eu sou o Filho de Deus!" (Mt 27,43), quando Jesus já havia manifestado sua obediência à vontade do Pai: "Meu Pai, se não é possível que esta taça passe sem que eu a beba, seja feita a tua vontade" (Mt 26,42).

O Ressuscitado conserva a fisionomia do Mestre. Ele não envia os doze, como aparece em Marcos e Lucas, Atos e João, como testemunhas da sua ressurreição, ou para proclamar o Evangelho, ou ainda para comunicar o Espírito Santo para a remissão dos pecados.[17] Jesus os envia para fazerem discípulos seus em todas as nações. Ou seja, eles são enviados não apenas a ensiná-las, mas para torná-las seus discípulos, ensinando-as a observarem tudo o que Jesus lhes havia ensinado a observar (Mt 28,19s). O Jesus glorioso, ressuscitado, os reenvia para que recordem seus ensinamentos, dados na condição terrena, antes da ressurreição.

Os aspectos de Jesus como Mestre e Legislador, no Evangelho de Mateus, se integram mais especificamente com a imagem régia de juiz eterno. Todas estas diferentes imagens podem ser identificadas numa única imagem, de forma coerente e compacta, a do "Pantokrátor". Um Jesus sentado num trono, com traços régios, sério, solene, que leva numa mão o Evangelho; e com a outra mão levantada faz um gesto que pode indicar estar dando um ensinamento ou uma bênção, ou que é um juiz soberano.

No eixo cristológico é forte o aspecto de Jesus como Mestre, Legislador e Juiz, mas não podemos deixar de abordar

---

[17] Cf. Mc 16,15; Lc 24,47; At 1,8; Jo 20,21-23.

Jesus, como Messias salvador enviado do Pai, Senhor morto e Ressuscitado, e Jesus na sua relação com o Pai, que também aparecem em Mateus.

Jesus, o Messias Salvador enviado por Deus

Na perspectiva teológica de Mateus e da sua comunidade, toda a Torá e os Profetas apontam para Jesus de Nazaré como Messias. Nele, todas as promessas das Escrituras se cumprem, e o Reino dos Céus chega definitivamente para toda a humanidade (Mt 4,17).

Mas a messianidade de Jesus de Nazaré frustrava não somente as lideranças religiosas de Jerusalém, que se opunham violentamente a esta interpretação dos seguidores de Jesus. Até mesmo as lideranças políticas como, por exemplo, Herodes, querem saber em que cidade deverá nascer o Messias, porque planejam matá-lo (Mt 2,12-13). Inclusive os seguidores de Jesus, ao ouvirem suas palavras e verem os seus milagres, também questionam sobre sua identidade. Basta ver a atitude de Pedro que, mesmo recebendo o dom de acreditar e proclamar: "Tu és o Cristo" (Mt 16,16), não pode entender e aceitar a paixão e a morte do Mestre (Mt 16,22-23).

Jesus afirma-se como único Messias, até mesmo diante de seus seguidores que procuravam regalias e queriam ser chamados de líderes (Mt 23,9-10). No discurso apocalíptico de Jesus (Mt 24 e 25), ele prevê que muitos surgirão dizendo serem eles "o messias" (Mt 23,5.23). Mas, ao final do Evangelho, diante do sumo sacerdote, Jesus declara-se abertamente como o Messias, utilizando-se das palavras de Daniel (Mt 26,63-64).[18]

---

[18] A audiência sabe, mas ignora que Jesus é o Messias. Ele foi identificado como o Messias ou agente ungido de Deus, desde o início (ver Mt 1,1.16.17.18; 2,4; 11,2; 16,16; 22,42; 23,10). Cf. CARTER, op. cit., p. 639.

Em toda a narrativa de Mateus, também há alguns títulos messiânicos que se aplicam a Jesus. Quando Jesus dá a si mesmo o título de "Filho do Homem", ele está evocando a figura do Messias desenhada pelos profetas Ezequiel e Daniel (Mt 8,20). O próprio Pai, na abertura do Evangelho (Mt 3,17) e, na sua conclusão, e os que estavam ao pé da cruz de Jesus testemunharam que ele é o Messias, "o Filho de Deus" (Mt 27,54).[19]

Jesus, o Senhor morto e ressuscitado

Ao longo de todo o Evangelho de Mateus, a entrega total de Jesus, no sacrifício de sua vida na cruz e sua ressurreição, foi cuidadosamente preparada.[20]

Nos primeiros momentos da vida de Jesus, mesmo sendo adorado como rei pelos peregrinos do Oriente (Mt 2,11-12), ele é perseguido pelo rei Herodes, o grande (Mt 2,13-18). Por isso, refugia-se num outro país (Mt 2,12).

No grande sermão proferido sobre a montanha, e em muitos milagres, Jesus se revela um Mestre poderoso em palavras (Mt 5–7) e em obras (Mt 8–9), mas não é compreendido por alguns fariseus e líderes religiosos, chegando a ser perseguido por eles (Mt 9,9-13; 12,1-8).

No sermão de envio, Jesus ordena a seus discípulos a partirem em missão ao povo de Israel (Mt 10,1-11), mas, ao mesmo tempo, previne-os de que serão perseguidos, julgados e até assassinados (Mt 10,17-33).

Jesus, ao ensinar sobre o caráter misterioso do Reino dos céus, por meio de muitas parábolas (Mt 13), logo em seguida é

---

[19] Cf. Mt 8,20; 9,6; 11,19; 12,8.40; 16,13; 20,18; 24,44 – outras ocorrências do título Filho do Homem; Mt 4,3.6; 8,29; 14,33; 26,63; 27,54 – outras ocorrências do título Filho de Deus.
[20] Cf. Mt 2,1.3; 15,1; 16,21; 20,17-18; 20,29; 21,1.10 (o tema da subida de Jesus a Jerusalém).

rejeitado pelos seus conterrâneos (Mt 13,53-58). Neste ponto, Mateus narra como João Batista foi executado (Mt 14,1-12). A partir daí, a oposição a Jesus torna-se mais acirrada. Ele começa a prevenir seus discípulos sobre sua paixão e morte, a ser provocada por decisão das autoridades de Jerusalém.

Os discípulos não suportam tal anúncio (Mt 16,13-28) e somente na transfiguração de Jesus, diante de Pedro, Tiago e João, é que eles começam a entender o mistério da paixão e morte (Mt 17,1-8). Descendo da montanha, Jesus fala de sua ressurreição (Mt 17,9-13). Mesmo não se fazendo entender, nem mesmo a seus discípulos, nem a ninguém (Mt 18–19; 20,20-28), Jesus continua ensinando que ele deverá sofrer muito, ser morto na cruz e ressuscitar ao terceiro dia.[21]

Assim, Jesus inicia a sua entrega total ao entrar em Jerusalém. Lá, expulsa os vendedores do Templo e amaldiçoa a figueira (Mt 21,1-27). Os chefes dos sacerdotes e alguns fariseus pensam em prendê-lo ao escutarem as parábolas que contava contra eles (Mt 21,33-46). No templo de Jerusalém, Jesus profere dois discursos finais: o primeiro, contra os escribas e fariseus hipócritas (Mt 23,1-36); e o segundo discurso, dirigido aos seus seguidores, pedindo que ficassem vigilantes, esperando chegar à iminência do último dia (Mt 24 e 25).

Daí em diante, tudo ocorre muito rapidamente. Na unção de Betânia, Jesus anuncia ao mesmo tempo a sua morte, por meio de sua antecipada unção, e a sua ressurreição por meio da figura feminina representando a esposa do cordeiro. Isso sinaliza a missão de Jesus, prolongando-se na missão na comunidade dos seus discípulos (Mt 26,6-13).

Assim, traído e abandonado pelos seus, Jesus apresenta-se diante das autoridades religiosas de Jerusalém, desprovido

---

[21] Cf. Mt 17,22-23; 20,17-19.

de poder e em total silêncio. Pronuncia apenas a profecia de Daniel (Mt 26,64; Dn 7,13). E ao final de tudo, morrendo, no alto da cruz, Jesus reza o Salmo 22 (Mt 27,46).

Mas, ressuscitado ao terceiro dia, Jesus aparece a Maria Madalena e a outra Maria, enviando-as para anunciar aos seus irmãos sua ressurreição. Eles poderiam vê-lo, como já anunciara (Mt 26,32), na Galileia (Mt 28,1-10). Lá, os onze viram Jesus, mesmo que alguns ainda duvidassem. Enfim, Jesus os enviou para fazer discípulos e discípulas em todas as nações (Mt 28,16-20a); e também lhes garantiu que estaria com eles todos os dias, até a consumação dos séculos (Mt 28,20b).

Jesus Filho, na sua relação com o Pai

Percebemos a profunda relação de Deus Pai com o seu Filho Jesus e vice-versa, no Evangelho de Mateus. Para o Pai, Jesus é o seu Filho amado (Mt 3,17b; 17,5). A ele, o Pai dedica todo o seu amor e o Filho lhe responde, agradando-o totalmente e cumprindo a sua vontade (Mt 3,17b; 17,5). A única coisa que o Pai exige dos discípulos de Jesus é que escutem o seu Filho (Mt 17,5).

Jesus coloca o Pai em profunda comunicação com seus discípulos. O "meu Pai" (Pai de Jesus) torna-se "vosso Pai" (Pai dos discípulos). Desse modo, para conhecer o Pai, necessita-se conhecer o Filho (Mt 11,27). Assim, Deus é o Pai de Jesus Cristo e também dos seus discípulos missionários.[22] Mas, o que realiza o Pai para os discípulos? Como os discípulos respondem ao Pai? De que modo os discípulos fazem a vontade do Pai (Mt 7,21; 12,50)?

Vejamos na narrativa de Mateus, as citações em que Jesus propõe aos discípulos de estabelecerem, com o Pai, vínculos e laços essenciais.

---

[22] Cf. Mt 7,21; 10,32-33; 11,27; 12,50; 18,19; 25,34 – Meu Pai; Mt 5,16.45.48; 6,32; 10,29; 18,14; 23,9 – Vosso Pai.

Vínculo 1 – Conhecer o jeito do Pai. O discípulo é convidado por Jesus a contemplar o amor imenso do Pai que tudo faz para conduzir seus filhos à vida: o Pai cuida até dos cabelos que caem da cabeça dos seus filhos (Mt 10,29-31); o Pai não quer que nenhum dos seus pequeninos se perca (Mt 18,14).

Vínculo 2 – Imitar o jeito do Pai. O belo rosto do Pai traçado por Jesus, aos olhos dos seus discípulos, deve iluminar suas vidas e suas ações. Buscando uma medida de amor sempre maior e mais profunda, e perdoando, os discípulos imitam o Pai: o discípulo deve ser perfeito no amor e no perdão como o Pai (Mt 5,48); na medida do perdão do Pai, o discípulo deve perdoar para que também seja ele mesmo perdoado (Mt 18,23-35).

Vínculo 3 – O discípulo tem plena confiança no Pai. A plena confiança de Jesus no seu Pai é o modelo de amor a ser seguido pelos discípulos de Jesus: Jesus nos ensinou a rezar, chamando a Deus de "Pai nosso" (Mt 6,9-13); tudo o que os discípulos pedirem em comum acordo será dado pelo Pai (Mt 18,19); os discípulos têm apenas um Pai: o Pai de Jesus, o Pai celeste (Mt 23,9); os discípulos devem confiar no Pai até o fim, como fez Jesus (Mt 27,46).

Vínculo 4 – O Pai recompensa seus filhos. O amor providente e atento do Pai faz derramar sobre os que vivem no seu amor todas as coisas boas que necessitam para uma vida simples, honesta e feliz: o Pai recompensa tudo o que o discípulo faz no silêncio e ocultamente (Mt 5,4.6.18); Jesus acolherá os justos, dizendo: "Vinde, benditos de meu Pai" (Mt 25,34).

Vínculo 5 – Os filhos testemunham o amor do Pai. O anúncio do amor do Pai torna-se real e marca o mundo pelas obras de amor, perdão e compaixão, realizadas pelos filhos em favor dos irmãos e irmãs, sobretudo dos que perseguem e zombam: pelas boas obras dos discípulos o Pai é glorificado

(Mt 5,16); amando os inimigos, os discípulos se tornam filhos do Pai (Mt 5,43).

Vínculo 6 – Jesus une os discípulos ao Pai. A mesma relação de filiação amorosa, que existe entre Jesus e o Pai, passa a ser a realidade de vida dentro da qual se dá a missão dos discípulos e discípulas: Jesus apresenta o nome dos seus discípulos diante do Pai (Mt 10,32); Jesus revela o amor do Pai aos pequeninos, preferidos do Pai (Mt 11,27).

Vínculo 7 – Jesus conduz o discípulo à festa do Pai. Acolhendo o Reino e estando vigilante à sua realização plena, o discípulo está preparado para entrar na festa preparada pelo Pai, para todos os seus filhos e suas filhas: assim grita-se às virgens preparadas: "venham se encontrar com o noivo" (Mt 25,6b); assim Jesus, o juiz, diz aos que estão à sua direita: "Vinde, benditos de meu Pai" (Mt 25,34b).

Os gestos e atitudes finais de Jesus, já crucificado, testemunham estes vínculos de amor entre ele e o Pai. Jesus deu aos seus discípulos a possibilidade de viverem congregados e sustentados na força desse mesmo laço filial. Por isso, Jesus quebra o silêncio na cruz, e, nos últimos minutos de sua entrega total, reza ao Pai um salmo de entrega, de confiança e de fidelidade ao amor daquele que o sustenta (Mt 27,46; Sl 22,1-31). O Pai jamais deixa de escutar um Filho que lhe implora em gritos de socorro (Mt 7,7-11; Sl 22,25).

A abordagem cristológica de Jesus, de certa forma, nos indica como devem ser aqueles(a) que o seguem, que integram a comunidade dos discípulos e discípulas da Palavra. Esta é chamada a acolhê-lo como Mestre, Legislador e Juiz, Messias e Salvador, Senhor morto e ressuscitado, que viveu uma profunda comunhão filial com o Pai e torna-se testemunha com a vida e a Palavra, na comunidade.

Eixo eclesiológico

A comunidade dos discípulos e discípulas de Jesus

O eixo eclesiológico[23] do Evangelho de Mateus está centrado no discipulado daqueles e daquelas que são chamados e chamadas a viver no "agora" o "ainda não", ou seja, a viver no tempo presente os ensinamentos do Mestre como se estivessem vivendo os tempos finais, do juízo. Este juízo rigoroso, que aparece neste Evangelho, recai em primeiro lugar sobre o novo Israel, a Igreja, que deve dar os frutos que o dono da vinha espera (Mt 21,43). A ela é pedida uma justiça mais radical do que a dos fariseus (Mt 5,20), uma perfeição igual à do Pai (Mt 5,48). A pertença à Igreja não garante a salvação, pois, muitos entraram na sala do banquete, mas houve quem não trouxesse a veste nupcial; por isso, foi excluído dela (Mt 22,1-14). Não basta a fé, ainda que seja formulada de forma ortodoxa, é preciso coerência de vida. "Não é aquele que diz Senhor, Senhor, que entrará no Reino, mas quem faz a vontade do Pai" (Mt 7,21). A pertença à Igreja acarreta uma responsabilidade maior e não é um penhor.

A comunidade de Mateus, formada por judeo-cristãos, é chamada a viver no aqui o Reino de Deus. Pois os que integram a comunidade foram: "Batizados em nome do Pai, do Filho e do Espírito Santo e enviados a observar tudo o que Jesus ensinou" (Mt 28,19s). Os responsáveis da Igreja são agora os novos vinhateiros, aos quais foi confiada a vinha e que têm a tarefa de ajudar a comunidade a produzir frutos no tempo oportuno (Mt 21,41-43).

A Igreja, no Evangelho de Mateus, é apresentada como uma realidade complexa na multiplicidade de imagens que a

---

[23] MONLOUBOU, L.; DU BUIT, F. M. Matteo. In: *Dizionario Storico/Critico*, Borla: Roma, 1987, pp. 614-617.

representam: ora como rede lançada ao mar, que acolhe uma diversidade de peixes (Mt 13,47-50), ora é figurada no campo de um pai de família, que plantou nele a boa semente e o inimigo nele semeou a cizânia. Ambos crescem juntos e a colheita só pode ser feita no final (Mt 13,24-43); ora é figurada com um grande banquete, no qual nem todos se encontram com a "veste nupcial" (Mt 22,1-14). A esta comunidade frágil, Jesus assegura a sua presença (Mt 18,20), para que possa realizar a sua missão de ensinar e observar tudo o que ele ensinou. Jesus reafirma a sua presença: "Eis que eu estou convosco todos os dias até a consumação dos séculos" (Mt 28,20), e já no início do Evangelho o apresenta como o "Emanuel", o Deus conosco (Mt 1,23).

No Evangelho de Mateus, o discurso da montanha não se dirige a pessoas estranhas, como em Lucas, mas aos discípulos e às discípulas. É para eles e elas que Jesus se dirige com as parábolas sobre a fidelidade: "Quem é, pois, o servo fiel e prudente que o Senhor constituiu sobre a criadagem, para dar-lhe o alimento no tempo oportuno?". Feliz daquele servo que o Senhor, ao chegar, encontrar assim ocupado (Mt 24,45-51). A mesma preocupação se repete na parábola das dez virgens (Mt 25,1-13), na dos talentos (Mt 25,14-30), e na do juízo final (Mt 25,31-46). Todas elas insistem para que a comunidade se abra à generosidade e à vigilância. Jesus mesmo estabeleceu Pedro como "pedra" responsável pela comunidade messiânica. Ele é o depositário das promessas de Jesus (Mt 16,17-19): "Tu és Pedro e sobre esta pedra edificarei a minha Igreja".

Jesus veio para o seu povo, que se mostrou infiel

Mesmo falando para uma comunidade de judeo-cristãos, discípulos e discípulas de Jesus, Mateus quer alcançar com seu Evangelho a audiência de todo o Israel. As ocorrências do nome Israel no Evangelho de Mateus, sem nenhuma exceção, querem indicar a globalidade territorial, a totalidade da experiência religiosa e a densidade espiritual do Povo de Deus. Assim, o êxodo de José, Maria e Jesus é uma mensagem para toda a terra de Israel (Mt 2,20.21) e a profecia de Miqueias (Mq 5,1), que define o lugar de nascimento do Messias, se dirige a todas as famílias de Judá (Mt 2,6). De igual modo, na narrativa dos dez milagres (Mt 8-9), uma fé como a do centurião não foi achada em todo o Israel (Mt 8,10b); e as maravilhas que Jesus faz jamais foram vistas em todo o Israel (Mt 9,33b). O discurso da missão (Mt 10) e a narrativa em seguida (Mt 11-17) contêm três menções a Israel muito significativas. As duas primeiras ocorrências formam um interessante paralelismo:

| Mt 10,6 | "Dirigi-vos às ovelhas perdidas da casa de Israel." |
| Mt 15,24 | "Eu fui enviado somente para as ovelhas perdidas da casa de Israel." |

A outra ocorrência (Mt 15,31) traz uma expressão quase única nos livros do Segundo Testamento: o título "Deus de Israel".[24] Duas últimas ocorrências do nome Israel, unidas em expressivo paralelo, estão dentro do contexto das narrativas da paixão. A primeira está na resposta de Jesus a Pedro, que o questiona sobre o que os seus seguidores vão receber.

| Mt 19,28 | "Em verdade eu vos digo, a vós que me seguistes: quando as coisas forem renovadas, e o Filho do Homem se assentar em seu trono de glória, vos assentareis, vós também, em doze tronos para julgar as doze tribos de Israel." |

A última menção a Israel se dá aos pés da cruz. O título é pronunciado pelos que blasfemam de Jesus diante da cruz. A vociferação dos blasfemos, sacerdotes, mestres da Lei e líderes do povo reúne profeticamente os nomes de Israel e de Jesus.

---

[24] Cf. Lc 1,68 (Deus de Israel); Rm 11,2 (o seu povo); Gl 6,16 (Israel de Deus).

| Mt 27,42 | "A outros salvou, a si mesmo não pode salvar! Rei de Israel que é, que desça agora da cruz e creremos nele!" |

No entanto, os destinatários imediatos e especiais do Evangelho não o acolheram.[25] O povo de Nazaré escandalizou-se dele (Mt 13,53-58) e os fariseus viram, em sua atuação, a força de Beelzebu, o príncipe dos demônios (Mt 12,27-28). Além disso, alguns sumos sacerdotes e autoridades religiosas de Jerusalém conspiravam a sua morte (Mt 26,1-5).

Ao contrário, os estrangeiros e os de fora procuravam Jesus e prestavam-lhe homenagens, como fizeram os sábios peregrinos do Oriente (Mt 2,1-12). E muitas outras narrativas descrevem, de diferentes modos, a surpreendente acolhida a Jesus pelos estrangeiros. Eis alguns exemplos: a fé quase heroica da mulher cananeia (Mt 15,21-28); a confiança total do centurião na palavra de Jesus (Mt 8,5-13); as curas realizadas em Gadara (Mt 8,28-34); os trinta anos passados por Jesus na Galileia, uma terra de pagãos (Mt 2,22-23; 4,12-17); a profissão de fé do centurião e dos soldados ao pé da cruz (Mt 27,54); o envio dos seus discípulos a todas as nações do mundo (Mt 28,18-20).

Um paradoxo permanece: Jesus é rejeitado por aqueles para os quais foi enviado e é acolhido por aqueles para os quais não foi enviado.

A atividade terapêutica de Jesus liberta do jugo dos espíritos imundos

Ao longo do Evangelho de Mateus, o leitor também é chamado a testemunhar o poder terapêutico de Jesus, por meio dos muitos sumários de curas e relatos de milagres.

---

[25] As referências à "terra" (*gê*) podem ser referências implícitas a Israel: Mt 2,20-21; Mt 5,13 (o discípulo como o sal para Israel); 10,34 (Jesus não veio trazer paz a Israel); 24,34 (Israel esperará o Messias); 27,45 (as trevas cobrem Israel). Cf. STERN, op. cit., pp. 49-50.

Os oito sumários de relatos de curas[26] nas narrativas de Mateus apresentam um esquema comum, apesar de serem muito diversos entre si.

- Mostram grande número de doentes. Uma multidão de enfermos, pessoas abandonadas, desanimadas, estropiadas, trazendo consigo outros estropiados, e sem a quem recorrer, estes são os que seguem Jesus por toda parte, em todo o evangelho de Mateus (Mt 4,24; 9,36; 15,30).
- Apresentam os nomes das várias doenças e enfermidades. Os doentes são apresentados com cuidado e suas doenças bem diagnosticadas. Eles são endemoninhados, lunáticos, paralíticos, aflitos, exaustos, cegos, leprosos, surdos, pobres, coxos, aleijados, mudos e toda espécie de males. Entre eles, há também mortos.
- Afirmam que Jesus curava a todos. A expressão "Jesus a todos curou" é típica de Mateus, ocorrendo em Mt 4,24.[27]
- Indicam a região em que Jesus estava curando. Jesus cura na Galileia (Mt 4,23; 9,35); cura junto ao mar, em ambas as margens (Mt 14,34; 15,29); mas também no território da Judeia (Mt 19,1) e até mesmo no pátio do Templo em Jerusalém (Mt 21,14).
- Testemunham que a fama de Jesus se estendia, ou que as multidões davam glória a Deus.

As multidões de enfermos e doentes reagem imediatamente à ação terapêutica de Jesus: elas o seguem (Mt 4,25);[28] também o glorificam e se maravilham (Mt 7,28; 21,15). Até mesmo os profetas dão testemunho da ação terapêutica de Jesus, como sinal da chegada do reino do Messias (Mt 11,4-6; 12,18-21).

---

[26] Cf. Mt 4,23-25; 8,16-17; 9,35-38; 11,5-6; 14,35-36; 15,29-31; 18,2; 21,14.
[27] Cf. Mt 12,15; 15,30; 19,2; 21,14.
[28] Cf. Mt 12,15; 14,35; 15,30; 19,2.

O poder dos espíritos imundos (demônios) no Evangelho de Mateus manifesta-se, especialmente nas doenças e nas enfermidades. Jesus, libertando todos os doentes do poder demoníaco, cumpre a profecia de Isaías que diz: "Tomou nossas enfermidades e carregou nossas doenças" (Mt 8,16-17; Is 53,4). Já os relatos de milagres, todos bastante curtos, também são associados ao esquema literário dos relatos de curas de várias pessoas, em Mt 8–9.[29] Mas diferenças marcantes entre milagres em sumários, cura de multidões, e relatos específicos da cura de um ou dois doentes, devem ser observadas com toda atenção. Este é o esquema literário para todos os relatos de milagres:

- Os relatos descrevem o doente e suas doenças. O relato sempre é aberto com a especificação concreta do doente e sua enfermidade: um leproso (Mt 8,2); o empregado do oficial romano paralisado (Mt 8,6); um paralítico deitado numa cama (Mt 9,2), e assim por diante.

- Os relatos ressaltam a fé do doente (ou de familiares) em Jesus. Cada relato explicita a fé do doente ou das pessoas ligadas a ele de uma determinada forma. A mais expressiva, sem dúvida, é a palavra do oficial romano (Mt 8,8).[30] O único relato sem indicação clara de um ato de fé em Jesus é o da cura da sogra de Pedro (Mt 8,14-15). No entanto, Mateus já tinha nos informado (Mt 4,13) que Jesus foi morar em Cafarnaum, na casa de Pedro, que já havia acolhido Jesus em sua própria casa como hóspede; precisa ainda de algum modo testemunhar a fé nele? Se o

---

[29] Um leproso (Mt 8,1-4); servo do centurião (Mt 8,5-13); a sogra de Pedro (Mt 8,14-15); dois endemoninhados de Gadara (Mt 8,28-34); paralítico deitado no catre (Mt 9,1-8); mulher com hemorragia há doze anos (Mt 9,20-22); filha de Jairo que estava morta (Mt 9,18-19.23-26); dois cegos (Mt 9,27-31) e um endemoninhado mudo (Mt 9,32-34).

[30] A palavra do oficial romano é tão marcante que passou a integrar o rito romano da missa, na oração dita por todo o povo antes da comunhão.

gesto de acolher em casa é o maior ato de fé e indicador do início de uma comunidade dos que creem em Jesus.

- Os relatos apresentam os gestos e as palavras de Jesus, dirigidas aos doentes. Na cura do leproso, Jesus estendeu a mão e tocou nele (Mt 8,3); na cura da sogra de Pedro, Jesus tocou a mão dela (Mt 8,15); no relato da cura da mulher com hemorragia, Jesus deixou-se tocar (Mt 9,20-21); no relato da cura da menina, Jesus a tomou pela mão (Mt 9,25), na narrativa da cura dos dois cegos, Jesus tocou nos olhos deles (Mt 9,29). Algumas palavras de Jesus explicitam o sentido de alguns milagres, como na cura do paralítico (Mt 9,4-6).

- A cura se confirma e mostra as diversas reações. Todos os relatos apresentam uma cura plena e imediata da doença indicada, testemunhada por todos os presentes. Para o leproso, o testemunho será a ida até o sacerdote (Mt 8,4). Já os moradores de Gadara, diante do acontecido com os endemoninhados e com os porcos, tiveram medo de Jesus (Mt 8,33-34). No caso do paralítico curado e perdoado, ele carrega sua cama, e o povo, atemorizado, dá glória a Deus (Mt 9,7-8). Reação extremamente importante é aquela relatada na cura da sogra de Pedro. Assim que foi curada da febre mortal, ela passou imediatamente a servir Jesus (Mt 8,15).

- Testemunham algo mais em cada um dos relatos. Quando o relato de cura quebra o padrão literário estrutural, algo novo e especial é necessariamente apresentado. Na cura do servo do oficial romano, vem ressaltada a sua fé exemplar (Mt 8,10-12). Na narrativa da cura do paralítico, é colocado em relevo o poder de Jesus em perdoar pecados e a incredulidade dos mestres da Lei, os verdadeiros paralíticos (Mt 9,3-6). No relato gêmeo da cura da menina e da mulher com hemorragia (Mt 9,18-26), são acentuados antiteticamente a genuinidade da fé e a dureza de coração dos zombadores.

Assim, a forma como Mateus apresenta os sumários de curas e os relatos de milagres constrói uma autêntica teologia do poder terapêutico de Jesus. A ação terapêutica de Jesus sempre se dá de forma eficiente. No entanto, anuncia ao mesmo tempo uma saúde plena e definitiva que permanece como tarefa, desafio e convite a quem recebeu o dom da cura.

Tal relação terapêutica entre Jesus e a(o) doente, se estabelece unicamente pelo elo de fé com o Senhor. Jesus acolhe o gesto de fé tocando e curando a(o) doente. A cura estende-se do corpo físico ferido e do espírito massacrado até as novas relações, que a partir da cura passam a acontecer na família e na comunidade. Isto faz com que haja espanto, admiração e glorificação pela ação de Deus realizada por Jesus, mas também muitas blasfêmias e ameaças de perseguição.[31] O final do Evangelho de Marcos mostra que os discípulos saíram a pregar, e Jesus agia neles com sinais (Mc 16,20) (o que não encontramos em Mateus), aos quais Jesus recomenda: "fazei que todas as nações se tornem discípulas... e as ensine a observar tudo quanto vos ordenei" (Mt 28,19s), daí a importância do eixo normativo.

Eixo normativo

O Evangelho como a Lei de Jesus

Aqui a fidelidade à Lei de Deus consiste na adesão a Jesus Cristo. Os preceitos considerados por alguns fariseus como a

---

[31] "Também o milagre representa, de maneira visível, toda a salvação. Por isso, parto do princípio de que a mensagem de Jesus se apoia em dois pilares: em um, Jesus faz propaganda do senhorio de Deus; em outro, porém, faz isso por meio de plenos poderes que lhe são próprios." BERGER, K. *É possível acreditar em milagres?* São Paulo: Paulinas, 2004. p. 185.

essência da religião são aprofundados e iluminados por princípios norteadores da vida moral e espiritual.[32] Inspirado pelo espírito das bem-aventuranças (Mt 5,3-19), Mateus fundamenta o Evangelho de Jesus, plenitude da Torá, em quatro atitudes fundamentais: o amor, a justiça, a misericórdia e o perdão.

Atitude 1 – O amor (*Ágape*)

O cumprimento absoluto da Torá, em seu sentido mais originário, é a realização do duplo amor universal: amar a Deus e ao próximo. Jesus, seguindo a tradição do Levítico, enlaça os dois amores em um único e inseparável mandamento: "Amarás ao Senhor teu Deus... Amarás o teu próximo como a ti mesmo..." (Mt 22,37-39). Disto decorre que o discípulo de Jesus seja imitador do Pai (Mt 5,48; Lv 19,1-37) e capaz de amar até o inimigo (Mt 5,44).

Na atitude fundamental do amor, está implícito o grande apelo a Israel, formulado em Dt 6,4: "Escute, povo de Israel! O Senhor, e somente o Senhor, é nosso Deus!". Assim, o amor a Deus e ao irmão se apreende e se exercita, antes de tudo, na experiência da escuta filial e atenta da voz do Pai. Para Mateus, o discípulo de Jesus é o modelo deste ouvinte amoroso da Palavra. Ele é aquele que, tendo escutado a palavra em segredo, deve agora anunciá-la de cima dos telhados em plena luz do dia (Mt 10,27; 11,4; 13,17).

O discípulo e a discípula de Jesus são desafiados pelo Mestre a compreender a profundidade da vontade do Pai (Mt 15,10).[33] O ápice do caminho do aprendizado do amor será, sem dúvida, a participação deles no mistério da cruz. Nada exigirá mais a sua escuta com toda atenção do que compreender a

---

[32] "Um *mitzvah* é um mandamento; tradicionalmente, na Torá (o Pentateuco) existem 613 *mitzvat* a serem obedecidos pelo povo judeu." STERN, op. cit., p. 52.

[33] Mt 15,13: "Toda planta que não foi plantada por meu Pai celeste será arrancada". Neste versículo está descrito o antimodelo de discípulo.

morte de Jesus (Mt 17,5). Ao maior gesto de amor do Pai, ao nos dar seu Filho totalmente, corresponde a abertura plena do discípulo e da discípula ao plano do Pai.

Atitude 2 – A justiça, a retidão, a piedade (*dikaiôsine*)
A vida dos discípulos e das discípulas de Jesus não pode pautar-se apenas num código exterior. A comunidade é convidada a superar a religião de alguns mestres da Lei e de certos fariseus, pela busca incessante do Reino de Deus. Por isso, Jesus diz no Sermão da Montanha: "Eu vos assegure que se a vossa justiça não ultrapassar a dos escribas e a dos fariseus, não entrareis no Reino dos Céus" (Mt 6,33).

No Evangelho de Mateus, somente José, esposo de Maria, é chamado de justo (Mt 1,19), e Jesus, chamado de justo pela esposa de Pilatos (Mt 27,19). Chamar José de justo tem vários sentidos. No sentido jurídico, José é justo porque assume a responsabilidade do ato possivelmente criminoso, para inocentar totalmente Maria. No sentido profético, José é justo porque possui todas as disposições espirituais, para escutar e obedecer à vontade de Deus. No sentido teológico, porque cumpre o papel de Moisés no êxodo de Jesus para o Egito. No sentido sapiencial, porque se mantém num profundo silêncio respeitoso e solene.

E Jesus? Por que foi chamado de justo ao final do Evangelho de Mateus? (Mt 27,19). Podemos repassar, mesmo que rapidamente, os vários sentidos da justiça de Jesus. No sentido jurídico, ele é o inocente. Nenhum crime cometeu. Este deve ter sido o teor do sonho da mulher de Pilatos (Mt 27,19). No sentido profético, Jesus carrega nossas dores cumprindo o que prometera Isaías (Mt 8,17; Is 29,18; 35,5-6; 53,4). No sentido teológico, Jesus por sua morte realiza o gesto supremo do amor do Pai, cumprindo plenamente a sua vontade, como novo cordeiro imolado (Mt 12,18-21; 26,39). No sentido sapiencial,

Jesus se mantém em profundo, respeitoso e solene silêncio[34] durante toda a sua paixão e morte.[35] Ele está cumprindo a vontade amorosa do Pai.

Atitude 3 – A misericórdia (*heleós*)

Mateus, em seu Evangelho, recorda por duas vezes as palavras do profeta Oseias: "Misericórdia é que eu quero e não sacrifício" (Os 6,6; Mt 9,13; 12,7). Sendo misericordiosos, os discípulos de Jesus se fazem parecidos com o Pai, pois cumprem o mandamento do Amor e fogem da interpretação legalista da Lei (Mt 23,23).

As duas citações da afirmação de Oseias ocorrem no Evangelho de Mateus, em narrativas de polêmicas. Em Mt 9,13, alguns fariseus não se conformam com o fato de Jesus estar na casa de Mateus, comendo com pecadores. Em Mt 12,7, alguns fariseus denunciam que os discípulos de Jesus não cumpriam a Lei, fazendo o que era proibido aos sábados. Estão envolvidas nestas duas polêmicas sempre as mesmas pessoas: alguns fariseus; os discípulos de Jesus e Jesus.

As respostas de Jesus são apresentadas por Mateus, em textos de grande beleza literária e preciosa elaboração teológica. Vale a pena olhar os dois textos.

	Mt 9,12-13
	Jesus ouviu a pergunta e respondeu:
A	Os que têm saúde não precisam de médico,
B	mas os doentes.

---

[34] Em Mt 26,63; 27,14, afirma-se explicitamente que tanto diante do Sinédrio como diante de Pilatos Jesus guardou silêncio. Da mesma forma, Jesus nada fala na cruz a não ser a oração do Salmo 22, seu último fôlego.

[35] Em Mt 26,64, Jesus fala com as palavras do profeta Daniel (Dn 7,13) e de Salmo (Sl 110,1). Em Mt 27,46, Jesus dá seu último grito com um outro Salmo (Sl 22).

	Ide e aprendei o que significa este trecho das Escrituras Sagradas:
C	Eu quero misericórdia e não sacrifício.
A	Porque eu não vim chamar justos,
B	mas pecadores.

Observe com atenção os elementos AB do quiasmo.[36] Eles são elementos de abertura e conclusão da citação e articulam quatro termos, em paralelismo de opostos: os sãos, os doentes, os pecadores, os justos. Curiosamente, o termo "médico" não tem um substantivo correlato. Mas está claramente declarado no verbo "vir" na primeira pessoa do singular, referindo-se a Jesus (eu vim). No núcleo da citação em quiasmo, está a afirmação de Oseias. A misericórdia consiste no remédio com o qual Jesus veio curar a humanidade.

	Mt 12,3-8
	Então Jesus respondeu:
A	Não lestes o que *Davi* fez, quando ele e os seus companheiros estavam com fome?
B	Davi entrou na Casa de Deus, e ele e seus companheiros comeram os pães oferecidos a Deus, embora isso não fosse lícito. Pois somente os sacerdotes tinham o direito de comer esses pães.
A	Ou não lestes na Lei que, nos sábados, *os sacerdotes* quebram a Lei, no Templo, e não são culpados?
B	*Digo-vos* que o que está aqui é mais importante do que o Templo.
C	Se soubésseis o que as Escrituras Sagradas querem dizer quando afirmam:
	Eu quero misericórdia e não sacrifício, vós não condenaríeis os que não têm culpa.
X	Pois *o Filho do Homem* é senhor do sábado.

---

[36] Quiasmo é figura de estilo, pela qual se repetem palavras ou frases invertendo-lhes a ordem.

Observe a elaboração quiástica com dois exemplos lançados por Jesus, como perguntas àqueles fariseus (A e A). Os exemplos de Davi e dos sacerdotes (B e B) sustentam as duas afirmativas de Jesus, também articuladas em progressão (B e X). Como conclusão da listas de casos e afirmações, ocorre mais uma vez a citação de Oseias (C). Aqui a citação aparece numa frase condicional, que soa como uma reprovação aos fariseus e, ao mesmo tempo, uma lamentação pelo fato de lerem as Escrituras e não compreenderem o que elas querem ensinar.

A misericórdia, o remédio que Jesus veio trazer à humanidade, é exatamente o que está faltando na forma como alguns mestres da Lei leem as Escrituras e na instituição religiosa, que tal compreensão gera e sustenta.

Atitude 4 – O perdão (*afiémi*)

O mandamento do Amor se cumpre especialmente pela capacidade de perdoar. A necessidade de perdoar é fortemente acentuada por Mateus, quando acrescenta à oração de Jesus o seguinte comentário conclusivo sobre o perdão: "Pois, se perdoardes aos homens os seus delitos, também vosso Pai celeste vos perdoará; mas se não perdoardes aos homens, vosso Pai também não perdoará vossos delitos" (Mt 6,14-15).[37]

No relato da cura do paralítico (Mt 9,1-8), Jesus, além de demonstrar diante dos fariseus o seu poder de perdoar pecados (Mt 9,6), afirma ser o perdão dos pecados mais importante do que a cura da paralisia. A relação entre cura de doenças e perdão dos pecados ocorre em muitas narrativas de milagres, em que os doentes pedem a Jesus que tenha misericórdia deles. Os dois cegos pelo caminho e os dois cegos de Jericó gritam a Jesus: "Senhor, Filho de Davi, tem compaixão de nós" (Mt 9,27;

---

[37] Lucas comenta a oração do Senhor com um texto sobre a necessidade de pedir sempre (Lc 11,1-4.5-12).

20,30.31). Também a mulher cananeia, ao procurar a cura para sua filha, grita a Jesus pedindo por misericórdia (Mt 15,22). O pai do menino epiléptico do mesmo modo grita a Jesus, pedindo misericórdia para o seu filho (Mt 17,15). Já ao empregado, que não perdoou a pequena dívida do seu companheiro, na parábola da grande dívida (Mt 18,21-35), o patrão o repreendeu assim: "Você deveria ter tido misericórdia do seu companheiro, como eu tive pena de você" (Mt 18,33).

O Sermão da Comunidade (Mt 18) nos faz conhecer a força espiritual do perdão e a profundidade do seu sentido teológico. Todas as pequenas unidades do sermão articulam-se ao redor de como evitar o pecado, a grande doença, e como curar a doença do pecado pelo dom do perdão. O sermão é aberto com a referência às crianças (Mt 18,2.4.5), modelo clássico da pureza de alma, da humildade, simplicidade e disponibilidade.[38]

A seguir, apresenta a gravidade dos escândalos provocados aos pequeninos e o modo radical de evitá-los (Mt 18,6-9). Bem no centro do sermão, três imagens de grande alcance comunicativo tomam conta da cena: o Pai é o Bom Pastor, que, deixando as noventa e nove ovelhas no curral, sai à procura da ovelha extraviada (Mt 18,10-14); a correção fraterna para garantir a comunhão na comunidade (Mt 18,15-17); a Pedro que já considera muito perdoar um irmão sete vezes, Jesus lhe declara: "Não te digo até sete vezes, mas até setenta e sete vezes" (Mt 18,21-22).

E para encerrar o sermão do perdão, Mateus nos oferece a mais impressionante, irônica e hiperbólica de todas as parábolas: a parábola do devedor perdoado de uma dívida imensa, mas que se recusa a perdoar uns trocados que seu companheiro lhe

---

[38] Mt 5,8: "Felizes as pessoas que têm o coração puro, pois elas verão a Deus".

devia (Mt 18,23-35). O fato de o empregado não ter aprendido a perdoar ao ser perdoado faz também com que seu perdão seja cancelado. O Pai nos perdoa para que aprendamos a perdoar e o exercitemos continuamente, dia a dia.

4
As Sagradas Escrituras judaicas, em Mateus

Após a leitura panorâmica do Evangelho de Mateus, feita no início, e tendo exposto o esboço dos eixos teológicos, apresentamos a releitura das Sagradas Escrituras judaicas, feita por Mateus. O evangelista pretende demonstrar a continuidade entre a promessa, apresentada na Torá e nos Profetas (*Nebiim*), e a sua realização por meio das obras e das palavras de Jesus de Nazaré, o Filho de Deus.[1]

Dentro da visão retrospectiva criada por Mateus, na vida e obra de Jesus, tudo o que fora prometido nos livros proféticos encontra sua plena realização. Para Mateus e para os judeo-cristãos, todos os profetas falaram de Jesus e lhe abriram os caminhos.

Mesmo que uma formulação assim seja estranha às Escrituras Judaicas, os textos de Qumran mostram que a espera do Messias não foi algo periférico dentro do Judaísmo pós--exílico.[2] Isto quer dizer que outros judeus, não discípulos de Jesus, também comungavam a mesma perspectiva hermenêutica apocalíptica. Eles inauguraram a leitura de todos os textos das

---

[1] "Dos quatro escritores dos Evangelhos, Mateus especialmente se preocupa em apontar este cumprimento (veja: Mt 2,15.17; 3,3; 4,14; 8,17; 11,10; 12,17; 13,14.35; 21,4; 22,43; 26,31; 27,9)." Cf. STERN, op. cit., p. 30.

[2] Cf. BERGER, K. *Qumran e Jesus*. Petrópolis: Vozes, 1995. p. 87; MARTINEZ, F. G. *Textos de Qumran*. Petrópolis: Vozes, 1995. pp. 178-179.

Escrituras, sob o prisma dos eventos messiânicos, isto é, os derradeiros e definitivos fatos da história.[3]

"Segundo as Escrituras"

Mateus testemunha que todos os acontecimentos da vida de Jesus foram *"segundo as Escrituras"*.[4] Ele engloba precisamente 43 citações e mais de 130 alusões a várias passagens ou referências, tanto ao texto hebraico da Bíblia, como ao texto grego da LXX. Vejamos algumas importantes citações e seu sentido, conforme a etapa de vida de Jesus:

- *Concepção do Messias e o nome de Emanuel* (Mt 1,22-23; Is 7,14). Para Mateus, Jesus é o definitivo e autêntico Ezequias, anunciado por Isaías, quase seis séculos antes.

- *A cidade do nascimento do Messias* (Mt 2,5; Mq 5,1-2). Nascendo em Belém, Jesus provou que ele é o esperado Pastor de todo o povo de Israel.

- *O êxodo da família do Messias* (Mt 2,15; Os 11,1). Jesus e sua família refazem o êxodo, demonstrando a plena sintonia com o caminho percorrido pelo povo de Israel.

- *Perseguição ao Messias:* o massacre dos recém-nascidos de Belém (Mt 2,17-18; Jr 31,15). Jesus, perseguido

---

[3] "Os céus se abrirão e do Templo da Glória virá sobre ele a santidade com voz paterna, como a de Abraão para Isaac. A glória do Altíssimo será pronunciada sobre ele e o espírito de inteligência e de santidade repousará sobre ele" (cf. Testamento de Levi 18,6); "Depois disto surgirá para vós uma estrela de Jacó, na paz. E virá um homem da minha descendência, como sol de justiça. Ele caminhará com os homens em mansidão e justiça e nenhum pecado se encontrará nele... Então brilhará o cetro do meu reino, e da vossa raiz despontará um broto. Deste broto florescerá um tronco de justiça para os povos, para julgar e para salvar todos aqueles que invocam o Senhor..." (Testamento de Judá 17,5-6).

[4] Cf. Mt 1,22; 2,5.15.17.23; 3,3; 4,14; 6,17; 8,17; 10,5-6; 12,17; 13,35; 15,7; 21,4.13.42; 26,31.64; 27,9.

desde o início de sua vida, é identificado com o povo sofrido no Exílio e com Jeremias.

- *Nazaré:* a cidade de residência do Messias e seu "apelido": nazareno (Mt 2,23; 26,71; Jz 13,5-7). Jesus, como o mais poderoso Sansão, vem para libertar para sempre seu povo.

- *Cafarnaum:* a cidade na qual o Messias foi morar depois da prisão de João (Mt 4,14-16; Is 8,23–9,1). Jesus torna-se o Messias da Galileia, fazendo de Cafarnaum o centro da pregação do Reino dos Céus.

- *O Messias ensina e cura todos os doentes* (Mt 8,16-17; Is 53,4ab). Jesus cura a todos os que se aproximam dele, movidos pela fé em suas palavras e obras.

- *O Messias cumpre a missão de Servo sofredor* (Mt 12,16-21; Is 42,1-4). Jesus é o servo sofredor, acolhendo e servindo aos pequenos e aos cansados e abandonados.

- *O Messias ensina, mas não é escutado pelo seu povo* (Mt 13,14-15.35; Is 6,9-10; Sl 78,2). Jesus ensina em parábolas. Em casa, explica aos seus discípulos o sentido de suas palavras.

- *Alguns escribas e fariseus recusam aceitar o Messias* (Mt 15,7-9; Is 29,13; Sl 78,36-37). Jesus e seus discípulos são criticados, rejeitados e perseguidos por alguns escribas e fariseus.

- *O Messias entra triunfante em Jerusalém* (Mt 21,4-5.9.16; Is 62,11; Zc 9,9; Sl 118,25-26). Jesus manda buscar a jumentinha para a sua entrada profética e messiânica em Jerusalém.

- *O Messias é assassinado* e lançado fora da vinha pelos agricultores (Mt 21,42; Sl 118,22-23). Jesus é a verdadeira pedra angular. Rejeitado pelas autoridades religiosas, ele é exaltado por Deus.[5]

- *Os fariseus pensam que o Messias é Filho de Davi* (Mt 22,43-44; Sl 110,1). Jesus não pode ser filho de Davi, pois o próprio Davi o chama de Senhor.

- *As ovelhas do Messias-Pastor se dispersam diante da morte do seu guia* (Mt 26,31; Zc 13,7). Jesus é abandonado pelos que o seguiam desde a Galileia. Na hora de sua prisão e morte ele está sozinho.

- *O Messias se apresenta mediante a pergunta do sumo sacerdote* (Mt 26,63-64; Dn 7,13). Jesus é o Messias que vem sobre as nuvens para julgar todo o universo.

- *O Messias foi vendido por um dos seus seguidores, por trinta moedas* (Mt 27,9-10; Zc 11,12-13; Jr 32,6-15 – citações combinadas livremente). Judas vende Jesus por trinta moedas. Com elas o "campo de sangue" é comprado.

- *O Messias entrega a sua vida a Deus com as palavras dos salmos* (Mt 27,46; Sl 22,2). Jesus morre na cruz celebrando sua confiança plena na vontade do Pai.

Desde o nascimento de Jesus até sua morte, passando por suas obras e ensinamentos, toda a vida de Jesus é interpretada por Mateus a partir de categorias messiânicas. Todas as grandes esperanças messiânicas, anunciadas pelos profetas, encontram em Jesus a sua completa realização. Relendo com criatividade

---

[5] "Alguns estudiosos viram uma referência ao Messias na seguinte variante de Is 52,14 encontrada em Qumran (QIsa), que pode testemunhar uma interpretação messiânica do servo sofredor. A tradução do texto massorético soa assim: 'totalmente desfigurado era o seu aspecto, para além daquele de um homem...'". Cf. RUSSELL, D. S. *L'apocalítica giudaica*. Brescia: Paideia, 1991. p. 409.

os profetas, os salmos e todas as Escrituras judaicas, Mateus esculpiu o rosto messiânico de Jesus de Nazaré.[6]

Sua origem atesta que ele é o Messias esperado. Seus ensinamentos de sabedoria e seus gestos terapêuticos demonstram que ele realiza as esperanças messiânicas anunciadas pelos profetas. Sua entrega até a morte segue de perto as descrições do servo sofredor de Isaías. Sua identificação com aquele que vem para julgar, cumpre as revelações do livro de Daniel. Dessa forma, partindo do anúncio dos profetas, Mateus comunica a novidade do seu Evangelho: o Reino dos céus está definitivamente estabelecido, por meio da missão do Filho de Deus, Jesus de Nazaré (Mt 4,17). Todas as nações são convidadas a se tornarem discípulas dele, por meio da missão dos apóstolos e das mulheres (Mt 11,28-30; 28,18-20).

Jesus comparado a Jeremias

Somente no Evangelho de Mateus, Jesus é comparado a Jeremias.[7] León Tolstoi, no seu livro *Evangelho explicado às crianças*, traduz assim o versículo Mt 16,14c: "Jesus falou como Jeremias".[8]

As palavras de Jesus, em Mateus, soam como as palavras do profeta das nações, em três pontos importantes:

---

[6] "Houve mais de 50 pretendentes messiânicos nos últimos 2000 anos de história judaica. Começando por Todah (Teudas) e Judha Hagalili (At 5,36-37), continuando com Shimon Bar-Kosiba (morto em 135 E.C.), que o rabino Akiva reconheceu como messias, mudando o seu nome para "Bar-kochva" (filho de uma estrela), culminando com Shabtai Tzvi (1626-1676), que se converteu ao Islamismo, e Jacob Frank (1726-1791), que se converteu ao Catolicismo." STERN, op. cit., p. 30.
[7] Compare Mc 8,27-30 e Lc 9,18-21. O Evangelho de Mateus refere-se a Jeremias três vezes: Mt 2,17; 16,14 e 27,9.
[8] *O Evangelho explicado às crianças* foi a última obra de Tolstoi. Este autor sugere que, ao ouvir a pregação de Jesus, o povo fazia imediatas relações com as palavras de Jeremias.

1. *Jeremias e Jesus* guardaram com fidelidade a Lei de Moisés e frequentaram o Templo de Jerusalém, mas tiveram de enfrentar duramente os intérpretes da Lei e as autoridades religiosas do Templo (Jr 7; Mt 23).
2. *Jeremias e Jesus* buscaram preparar um pequeno rebanho para enfrentar as perseguições, mas na hora do embate final estavam completamente sozinhos (Jr 5; Mt 27).
3. *Jeremias e Jesus* apontam uma única saída: o abandono das pretensões humanas e a relativização dos projetos históricos, para devotarem uma confiança total e exclusiva no Deus fiel e rico em misericórdia (Jr 3; Mt 11).

Além disso, o contexto literário de Mateus também parece ter sido tomado da situação espiritual e social, vivida pelo povo, no livro do profeta Jeremias. Vejamos alguns indícios:

- Mateus se inspira na profecia de Jeremias para dar a chave de leitura, a fim de se entender o massacre das crianças de Belém (Jr 31,15; Mt 2,18);

- a explícita relação feita pelo povo entre João Batista, Elias, Jeremias e Jesus (Mt 16,14);[9]

- a oposição a Jesus, vinda sempre da parte dos líderes religiosos de Jerusalém (Jr 21; Mt 21–22);

- a descrição de Jerusalém como cidade que rejeita os profetas, e a condenação da cidade (Jr 22,5; Mt 23,38);

---

[9] Cf. CARTER, op. cit., pp. 421-422. Herodes achava que Jesus fosse João Batista (Mt 14,2). Jesus relaciona a sua obra a João Batista e a Elias (Mt 11,11-14). Somente em Mateus um profeta escritor é comparado a Jesus. Este profeta é Jeremias, um profeta de julgamento (Mt 2,17; 21,13; 23,37-39; 27,9).

- a utilização da profecia de Jeremias, para dar uma explicação ao suicídio de Judas (Jr 32,6-15 combinado a Zc 11,12-13; Mt 27,3-9);
- as únicas palavras proferidas por Jesus na cruz, diante dos que o insultavam, foram ditas em um grito (Jr 4,19; Mt 27,46).

Enfim, as comoventes palavras de Jesus, diante de Jerusalém, poderiam ter sido pronunciadas por Jeremias,[10] quando viu toda a cidade na mais completa ruína:"Jerusalém, Jerusalém, que matas os profetas e apedrejas os que te são enviados! Quantas vezes quis eu ajuntar os teus filhos, como a galinha recolhe seus pintinhos debaixo das asas, e não o quiseste! Eis que a vossa casa ficará abandonada. Pois eu vos digo: não me vereis mais até que digais: Bendito aquele que vem em nome do Senhor!" (Mt 23,37-39).

Jesus, intérprete da Lei de Moisés

Sensível às necessidades do leitor judeo-cristão, Mateus nos apresenta Jesus como um mestre na interpretação da Lei, em continuidade à missão de Moisés. Da mesma forma como Moisés inicia a explicação da Torá ao povo em Dt 1,5, Jesus dá continuidade à interpretação da eterna doutrina do Sinai. Por meio de sua interpretação são reveladas, de dentro da mesma Torá, todas as suas riquezas espirituais, todas as suas intenções mais essenciais e todos os seus enigmas mais ocultos.

Três narrativas, com suas devidas formulações, nos ajudam a visualizar como Mateus narra a figura de Jesus, vendo nele um intérprete da Lei de Moisés.

---

[10] Cf. Jr 7,1-11; 8,13-14; 13,1-11; 16,1-4; 18,18-20; 20,7-9.

1. O Sermão da Montanha (Mt 5–7).

No contexto do Sermão da Montanha ocorre a fórmula aparentemente adversativa: "Ouvistes o que foi dito aos antigos... eu, porém, vos digo...".[11] Esta recorrência nos coloca diante de um aprofundamento surpreendente da Lei, provocado pelas palavras de Jesus. Assim Jesus interpreta e dá aplicabilidade prática aos mandamentos, no Sermão da Montanha (Mt 5,20-48). O aprofundamento da Lei de Moisés, feito por Jesus, segue a mesma direção farisaica de erguer, ao redor dos divinos mandamentos, uma "cerca" de determinações e especificações, para que jamais a Lei venha a ser burlada. Jesus e os fariseus comungam o mesmo zelo pela Lei. Acreditam que a Lei pode ser obedecida.[12] Vejamos em cada um dos mandamentos mais importantes da Lei a cerca edificada por Jesus, a fim de lhes oferecer uma eficaz aplicabilidade.

- *Não matarás* (Ex 20,13; Mt 5,21). Para Jesus, o mandamento se aplica de *forma negativa*: não se encolerizando e não chamando a ninguém de cretino ou louco; de *forma positiva*: reconciliando-se sempre com os irmãos e fazendo as pazes com os adversários.

- *Não cometerás adultério* (Ex 20,14; Mt 5,27). Para Jesus, o mandamento se aplica de *forma negativa*: não olhando jamais para a mulher (ou para o homem) com intenções más e de cobiça; de *forma casuística*: se era o olho que havia feito pecar, devia ser arrancado, e se era a mão que havia feito pecar, devia ser arrancada.[13]

---

[11] Cf. Mt 5,21-22.27-28.33-34.38-39.43-44.
[12] "Segundo Flávio José (Ant. Jud. 13.297), esta tradição era de caráter oral, o que constituía uma marca característica dos fariseus, diante dos saduceus e essênios." CARMONA, op. cit., p. 138.
[13] "Trata-se de arrancar o mal pela raiz." ZEILINGER, op. cit., p. 110.

- *Não repudiar jamais a esposa* (Gn 2,23-25; Dt 24,1; Mt 5,31-32). Para Jesus, aqueles que Deus uniu não podem ser separados. Ele não admite o divórcio. Ele afirma isso ao dizer que se alguém repudia a mulher faz com que ela cometa adultério; quem casa com a mulher repudiada, comete igualmente adultério.[14]

- *Não jurar de forma alguma* (Ex 20,7; Mt 5,33-37). Jesus modifica a norma das Escrituras e elimina a possibilidade de juramentos. *Ordens proibitivas*: não jurar pelos céus; não jurar pela terra; não jurar pela própria cabeça; não jurar por coisa alguma e de nenhum modo. *Princípio positivo*: Seja o vosso "sim", sim; e o vosso "não", não!

- *Fica eliminado o "olho por olho e dente por dente"* (Ex 21,24; Dt 19, 21; Mt 5,38-42). Jesus modifica a famosa lei de Talião, exigindo a renúncia de qualquer tipo de vingança.[15] Dois princípios gerais descritos de *forma negativa e positiva*: não deveis resistir à pessoa má e deveis ceder ao que lhe pede alguma coisa, e não lhe virar as costas. Uma série de casos concretos é apresentada, quase como exemplo: ao que fere a face direita, dê também a esquerda. Ao que toma a túnica, dê também a veste. Ao que obriga andar uma milha, ande com ele duas milhas.

- *Amar o próximo e, mais ainda, o inimigo* (Lv 19,18; Mt 5,43-48). Jesus oferece o mandamento do amor ao inimigo, como motivação teológica: "para que vos torneis

---

[14] O "a não ser" de Mateus, chamada cláusula da prostituição, atende às exigências de sua comunidade e tem em vista a salvação das pessoas (cf. Mt 5,32b; ZEILINGER, op. cit., pp. 119-120).

[15] "A lei de Talião não é genuinamente veterotestamentária visto que a mesma disciplina de Direito Penal foi estabelecida já por volta do ano 1700 a.C. no código de Hamurabe" (ZEILINGER, op. cit., p. 130).

filhos do Pai de vocês" (Mt 5,45a); e dá ainda uma motivação antropológica, em forma de uma pergunta retórica: "Se amais aos que vos amam, que recompensa tendes? Não fazem também os publicanos a mesma coisa?" (Mt 5,47). Destes fundamentos, Jesus ordena: orar pelos que perseguem os discípulos de Jesus e a comunidade, e ser perfeito como o Pai celeste é perfeito.

Neste discurso do monte, Jesus, em primeiro lugar, reafirma o valor inalienável da Lei de Moisés. Do alto de outro Sinai, Jesus anuncia sua Lei, uma definitiva Torá, aos discípulos reunidos com ele, ampliando as fronteiras para formar um Povo, a sua Igreja. Os discípulos acolhem a Lei de Jesus e continuam em seu seguimento, anunciando-o a todas as nações (Mt 28,19).

Depois, traduz a Lei de Moisés em nove "bem-aventuranças" que posteriormente aprofundaremos. E, por fim, interpreta cada um dos mandamentos mais importantes da Lei de Moisés, isto é, explicando em que situações burlam-se e descumprem-se estes mandamentos. A base bíblica e sapiencial de toda interpretação da Lei, feita por Jesus, é o amor que aterra os abismos das distâncias e destrói todas as barreiras do ódio.

A tentação de Jesus no deserto (Mt 4,1-11)

No texto da tentação de Jesus no deserto, Jesus cita três vezes o livro do Deuteronômio, para rechaçar as propostas feitas pelo Diabo. Ao pedir um pão feito com mágica, Jesus lhe mostra que somente a Palavra de Deus é essencial ao homem (Mt 4,4 e Dt 8,3). Ao propor mordomias das mãos dos anjos, Jesus o ameaça com o mandamento: *não tentarás o Senhor teu Deus* (Mt 4,7 e Dt 6,16). Ao oferecer um ilusório poder na terra, Jesus o expulsa dizendo: *Somente ao Senhor Deus adorarás e a ele prestarás culto* (Mt 4,10 e Dt 6,13).

As três palavras do Deuteronômio, colocadas na boca de Jesus, demonstram o poder da Palavra de Deus, e atesta que Jesus é a presença viva da Palavra do Pai e que, somente ele, tem o poder de eliminar o poder do Diabo.[16] Assim, Jesus traz a força da Divina Palavra que elimina o poder do mal e testemunha a sua identidade divina.[17]

Mateus utiliza-se das palavras das Escrituras Judaicas para conferir a Jesus a sua identidade messiânica, demonstrando ser por meio dele que se cumprem todas as promessas anunciadas aos seus antepassados. Além disso, Jesus interpreta com autoridade a Lei de Moisés, aprofundando o seu sentido e, até mesmo, modificando interpretações consagradas no Judaísmo da época.

Conflitos com fariseus e saduceus.

Em três situações de conflitos com fariseus e saduceus, Jesus tem a oportunidade de fazer uma interpretação fiel, autêntica e criativa, da Lei de Moisés. Nestas situações, ocorre a fórmula fixa, em forma de uma pergunta um tanto quanto irônica: "Acaso não lestes o que fez?".[18] Esta atrevida questão a seus opositores introduz uma interpretação de Jesus sobre um mandamento da Lei, que vai de encontro à leitura mais aceita na época.[19] Vejamos as três situações de conflito:

Conflito 1 – Lei do Sábado (Ex 20,8-11; 34,21; Dt 23,26; Mt 12,1ss). Os discípulos de Jesus colhem espigas em dia de

---

[16] "Que posso eu dizer, se tu não abres minha boca? E como responder, se tu não me ensinas? Eis que tu és o príncipe de deuses e rei dos gloriosos, senhor de todo espírito, dono de toda criatura" (1QH 10,7-8).
[17] Cf. Mt 11,25-27: "Com certeza, seu significado exprime que Deus tornou-se homem em Jesus Cristo, foi oprimido pelo diabo em nosso lugar, como irmão e companheiro." THIELICHE, H. *As tentações de Jesus*. São Paulo: Fonte Editorial, 2005. p. 93.
[18] Cf. Mt 12,3.5; 19,4; 22,31.
[19] Cf. Mt 12,1-8 (colher espigas no sábado); 19,1-9 (divorciar-se da esposa); 22,23-33 (ressurreição dos mortos).

sábado para comer. Solução de Jesus: 1. Davi e seus companheiros, com fome, comeram o pão proibido para eles (1Sm 21,2-7); 2. Os levitas violam o sábado sem cometer pecado (Nm 28,9); 3. Aqui está alguém maior que o Templo; 4. Misericórdia é o que eu quero e não sacrifícios (Os 6,6).

Conflito 2 – Lei do Divórcio (Dt 24,1; Mt 19,1-9).[20] O repúdio e divórcio por qualquer motivo. Solução de Jesus: 1. Não separe o homem o que Deus uniu (Gn 1,27; 2,24); 2. Moisés permitiu pela dureza dos vossos corações; 3. Quem repudiar a sua mulher e desposar outra, comete adultério.

Conflito 3 – Lei do Levirato. O problema de fundo é a questão dos saduceus que não acreditam na ressurreição (Dt 25,5; Mt 22,23-33). Solução de Jesus: 1. Ignorais as Escrituras e o poder de Deus; 2. Na ressurreição não há mais casamentos; 3. Deus é Deus dos vivos e não dos mortos (Ex 3,6).

A Torá de Moisés e a Torá do Messias

Se os escritos proféticos e, mais tarde, as literaturas apocalípticas contribuíram decisivamente para a formação do Evangelho de Mateus, como será a relação, interpretação e releitura das Escrituras Judaicas em sua obra? Primeiramente, a Torá para Jesus e para todo judeu fiel, antes de ser uma revelação, instrução ou Lei, consiste numa experiência de amor.[21] Assim Mateus desenvolve três princípios fundamentais de interpretação baseados na preciosa tradição exegética dos mestres judeus:

---

[20] Havia opiniões diferentes entre os mestres judeus, sobre o motivo do divórcio. Shamai só admitia o divórcio em caso de nudez da esposa; Hillel somente o admitia em caso muito grave, como descuido com a casa ou com os filhos; Aquiba dizia que qualquer motivo justifica o divórcio. Cf. MAZZAROLO, op. cit., pp. 280-181.

[21] "A plenitude do amor celestial, manifestado no dom gracioso da Torá, é o motivo da ação de graças diária dos judeus." LAPIDE, op. cit., p. 20.

Princípio 1 – A vida. O cumprimento dos mandamentos de Deus leva necessariamente à vida, como está declarado por sete vezes no Deuteronômio: "Por meio destes mandamentos viverás".[22]

Princípio 2 – Santidade do ser humano. A vida humana tem uma santidade insuperável. Os mandamentos da Lei podem ser transgredidos temporariamente, com o objetivo de salvar a própria vida, ou a alheia, de quaisquer perigos.[23]

Princípio 3 – Muitos significados. Uma multiplicidade de interpretações pode ser feita dentro da unicidade das Escrituras. Os números possíveis de interpretações de cada trecho do texto das Escrituras Sagradas seriam de setenta (70), de acordo com o número simbólico das nações, em Gn 10.[24]

A essência da Torá

A extensão e a essência da Torá consistiam em temas muito discutidos pelos mestres judeus, no tempo de Jesus. O resultado deste longo processo de codificação e de interpretação moral da Torá foi a elaboração de um conjunto de 613 regras, todas contidas nos cinco primeiros livros da Bíblia (o Pentateuco).[25]

Estas noções de Lei geravam algumas perguntas no tempo de Jesus, tais como: o que é mesmo a Torá? Como ela evolui? Qual destes mandamentos é o mais essencial? Todos os mandamentos têm o mesmo peso e obrigam da mesma forma?

---

[22] Cf. Dt 4,1; 5,33; 8,1; 16,20; 30,6, 10; 31,19.
[23] "Quem salva uma única vida, ser-lhe-á computado como se tivesse salvado o mundo inteiro" (Talmud).
[24] Um antigo ditado, já famoso no tempo de Jesus, dizia sobre as 70 interpretações: "Todas as 70 são válidas perante Deus".
[25] Cf. OTZEN, B. *O Judaísmo na Antiguidade.* São Paulo: Paulinas, 2003. p. 91.

Jesus, no Evangelho de Mateus, responde a estas questões com respostas decisivas. Quanto à extensão da Torá, Jesus dá seu parecer, dizendo que João Batista é o divisor de águas. Antes dele, a Lei e os Profetas anunciaram a promessa do Reino. Depois dele, iniciou-se o tempo da realização do Reino dos Céus (Mt 11,12-15). Fica claro, portanto, que somente se pode entender a Lei e os Profetas a partir da plena revelação do Senhor, em seu Filho Jesus Cristo.

Já no que se refere ao mandamento mais essencial, Mateus dá uma dupla resposta. Seguindo a tradição dos sábios judeus testemunhada pelo livro de Tobias (Tb 4,15), Jesus diz, no final do Sermão da Montanha, que a essência da Lei e dos Profetas consiste em fazer aos outros o que você gostaria que fizessem também a você (Mt 7,12).[26]

No contexto das disputas com fariseus e saduceus, alguém propôs a Jesus a questão explicitamente: "Qual é o maior mandamento da Lei?" (Mt 22,36). Jesus responde combinando dois ensinamentos da Escritura (Dt 6,4-5 e Lv 19,18b.34) em um só mandamento essencial da Lei de Deus.[27]

Mateus desenhou o mandamento essencial dentro de um belíssimo quiasmo (Mt 22,37-39) em que a abertura e a conclusão descrevem a totalidade do mandamento, e os elementos centrais fundem em uma só fórmula o que estava separado. Assim, em Mt 22,37, está a abertura do quiasmo, o elemento A: "Amarás ao Senhor teu Deus de todo o teu coração, de toda a tua alma e de todo o teu espírito". Inicia-se a formulação do mandamento com o texto consagrado da oração

---

[26] A tradição rabínica atribui a Hillel, o ancião (60 a.E.C. a 6 E.C.) um resumo essencial da Lei, parecido com o de Jesus: "Aquilo que é odioso a você, não o faça de modo algum ao seu próximo". Cf. bShab 30.
[27] Observe o esquema quiástico concêntrico descrito pela fórmula ABBA.

"escuta Israel" (Dt 6,4-5). O fecho do quiasmo, o elemento A, completa o texto do Deuteronômio introduzindo nele o mandamento do amor ao próximo: "Amarás o teu próximo como a ti mesmo" (Mt 22,39b). Bem no meio destas frases que carregam o mandamento essencial, Mateus nos oferece o elo profundo entre o início e o fecho do quiasmo. Em Mt 22,38, especifica-se o sentido do elemento de abertura (A): "Esse é o maior e primeiro mandamento". Logo a seguir (Mt 22,39a), é apresentada a conclusão do quiasmo (A'), que deve ser tomada como mandamento igual ao primeiro: "O segundo maior mandamento é semelhante a esse: Amarás o teu próximo como a ti mesmo".

A formulação do mandamento essencial, construída com toda atenção e cuidado por Mateus, quer ressaltar enfaticamente que não se trata de dois mandamentos, mas de uma única essência, a essência da Lei de Deus. A Torá de Moisés e a Torá de Jesus se resumem no amar a Deus e aos irmãos (até os inimigos) ou em amar a Deus mediante o amor a todas as pessoas (até aqueles que nos perseguem).

Um ícone deste ensinamento sobre o amor pode ser visto na narrativa da Transfiguração do Senhor (Mt 17,1-8): Moisés e Elias atestam a divindade de Jesus, diante de Pedro, Tiago e João. Estes são chamados pelo próprio Pai a escutar a voz do seu Filho amado (Mt 17,5c). Na Transfiguração, além de apresentar-se como novo Moisés, diante de Deus, sobre um novo Sinai no meio da nuvem, sendo a própria personificação da Lei e dos Profetas, Jesus, aceitando o mistério da cruz, nos ensina com sua vida e morte o maior mandamento: *Amar a Deus pelo amor aos irmãos.*

Assim a interpretação da Torá feita por Jesus consolida e dá pleno valor à essência da Lei: isto é, o amor e a vida. Da mesma forma, Paulo nos dá o testemunho de que a Lei não foi de modo algum eliminada, mas consolidada.[28]

A profissão de fé de Jesus, na Torá

Mateus formula magistralmente a profissão de fé de Jesus, na Torá (Mt 5,17-20).[29] Nela, Jesus proclama o autêntico sentido da Torá e dos Profetas, porque veio para observá-los e cumpri-los plenamente.[30]

O contexto literário destas palavras de Jesus (Mt 5,17-20) já nos indica a relevância do texto, dentro do Sermão da Montanha (Mt 5–7). A consagração de Jesus à Torá está localizada logo após o texto das bem-aventuranças (Mt 5,1-12) e da motivação de todo o sermão, em que Jesus chama seus discípulos de sal da terra e luz do mundo (Mt 5,13-16). E antecede a interpretação de Jesus acerca dos vários mandamentos e das práticas religiosas, determinados pela Torá (Mt 5,21–6,18). O belo poema de profissão de fé na Torá funciona como a verdadeira introdução das interpretações de Jesus sobre a Lei de Moisés ao longo de todo o sermão.

O mapa literário deste pequeno texto (Mt 5,17-20) pode ser descrito por quatro conjuntos de paralelismos,[31] genuína e

---

[28] Cf. Rm 4,2; Dt 4,2; Ap 22,18.
[29] Ibid., p. 18.
[30] "O autor de Mateus escreveu uma narrativa sobre Jesus, o Filho de Deus e Messias, não uma discussão instrutiva da lei, como Mishná, nem um comentário sobre a Escritura, como Midraxe. Em sua narrativa sobre Jesus, contudo, ele deu grande proeminência aos ensinamentos de Jesus e ligou-os à vida de Jesus e a narrativas, leis, histórias e instruções mais primitivas encontradas na Bíblia. Assim, por intermédio dos ensinamentos de Jesus, o autor de Mateus revela sua interpretação de muitas partes da Escritura, até da lei judaica e de sua prática naquele tempo." SALDARINI, op. cit., p. 207.
[31] Um paralelismo antitético progressivo é um pequeno verso que traz a marca da retórica judaica, colocando lado a lado duas ideias (colunas) de sentido opostos (revogar/não revogar), sendo que o segundo elemento apresenta uma extensão progressiva e conclusiva (cumprir).

artisticamente elaborados. As quatro descrições a seguir ajudam na visualização do esquema literário quiástico seguido por Mateus, na elaboração requintada desta consagração da Torá, feita por Jesus:

Mt 5,17 – Jesus cumpre a essência da Torá

Vamos, em primeiro lugar, observar o mapa deste texto:

- *A abertura do texto*. Um verbo no subjuntivo com força de imperativo negativo. Soa com um toque sutil ou irônico de reprovação. *"Não penseis..."* (5,17a).

- *Primeiro elemento do paralelismo (A)*. Afirma o que podem alguns estar pensando erradamente, acerca da obra de Jesus. "[...] *que vim revogar a Lei e os Profetas"* (5,17b).

- *Segundo elemento do paralelismo (B)*. Com o mesmo verbo (vir) sempre na primeira pessoa Jesus nega, taxativamente, o terrível equívoco. *"Não vim revogá-los..."* (7,17c).

- *Conclusão progressiva do paralelismo (C)*. Eliminando toda possibilidade de descrédito da Lei, Jesus afirma que veio cumprir plenamente toda a Lei e os Profetas. "[...] *mas dar-lhes pleno cumprimento"* (5,17d).

- *Elementos principais de ligação do quiasmo*. Jesus que fala em primeira pessoa (vim 5,17 bc) sobre sua relação com a Lei e os Profetas (5,17 bcd).

O primeiro paralelismo é aberto pelo elemento retórico de corte "não penseis". Uma apressada leitura de Mateus poderia conduzir alguém ao equívoco de eliminar o papel da Torá. Os que pensam que "Jesus veio revogar a Lei", constitui o primeiro braço do paralelismo (elemento A).

O segundo braço (elemento B) traz a negativa de Jesus a esta opinião de alguns. Jesus diz claramente: "Não vim revogar a Lei e os Profetas". A frase adversativa, conclusiva do primeiro paralelismo, afirma que Jesus veio para observar e cumprir toda a Lei. Certamente, num ambiente em que mal-entendidos provocavam perseguição e morte, Mateus apresenta de imediato a sua grande tese.[32] Jesus veio cumprir a Torá para assim garantir sua validade e sua transmissão para sempre.

Mt 5,18 – Nada pode ser cortado ou acrescentado à Torá

Observemos, também aqui, um pequeno mapa do texto tão bem elaborado por Mateus:

- *Abertura com a fórmula de palavra especial de Jesus.*[33] "[...] porque em verdade vos digo..." (5,18a). *Elemento A.* Indicação temporal da validade da Lei: "[...] até que passem o céu e a terra..." (5,18b). *Elemento B.* Irrevogabilidade de toda a Torá: "[...] não será omitido nem um só i, uma só vírgula da Lei" (5,18c). *Elemento A.* Indicação profética da validade da Torá: "[...] sem que tudo seja realizado" (5,18d).

O segundo paralelismo (Mt 5,18) é aberto pela fórmula normativa "em verdade vos digo". No centro vital do verso está a surpreendente afirmação de Jesus que nem o menor dos sinais gráficos contidos na Lei perderá sua validade.[34] Esta é a norma de Jesus sobre a Torá: de que ela está consagrada plenamente, necessitando, pois, de devida e autêntica interpretação do novo Moisés, o Messias, enviado pelo Pai.[35]

---

[32] "A comunidade de Mateus se encontra em oposição aos judeus de seu tempo, com os quais mantém intensa polêmica." MATEOS; CAMACHO, op. cit., p. 9.
[33] Cf. Mt 10,13; 13,17; 17,20.
[34] Cf. BERGER, K. *As formas literárias do Novo Testamento*. São Paulo: Loyola, 1998. p. 193.
[35] Cf. Dt 18,15-18.

Mt 5,19 – Aquele que violar e aquele que praticar os mandamentos da Torá

O mapa da fórmula de maldição e bênção apresentada no texto de Mateus, pode nos ajudar a visualizar sua força comunicativa.

- *Elemento inicial* (os crimes – A). "Aquele, portanto, que violar um só destes menores mandamentos e ensinar os homens a fazerem o mesmo..." (5,19a).
- *Elemento conclusivo* (a maldição – B). "Será chamado o menor no Reino dos Céus" (5,19b).
- *Elemento inicial oposto* (a justiça – A'). "Aquele, porém, que os praticar e os ensinar..." (5,19c).
- *Elemento conclusivo* (a bênção – B'). "Será chamado grande no Reino dos Céus" (5,19d).

À declaração de perenidade da Torá, segue-se a típica fórmula de maldição e de bênção, para quem cumpre a bênção e para quem desrespeita os ensinamentos da Lei, a maldição.[36] Novamente, Mateus constrói um eficaz paralelismo antiético. A maldição recai sobre aquele que viola e ensina a quebrar os mandamentos. As bênçãos do Reino dos Céus enchem as mãos daqueles que praticam e ensinam a observar os mandamentos.[37]

Mt 5,20 – A justiça dos discípulos de Jesus

Por fim, o mapa da última parte da confissão de Jesus, na Torá (Mt 5,17-20).

- *Abertura com uma fórmula de introdução de palavra final.*[38] "Pois eu vos asseguro..." (5,20a). *Elemento inicial*

---

[36] Cf. Dt 28,1-46. O texto de Mateus inverte a ordem do Deuteronômio, apresentando primeiro a maldição e depois a bênção.
[37] Cf. Mt 23,1-36; 28,16-20.
[38] Cf. Mt 3,9; 18,10; 23,39.

do paralelismo. "Se a vossa justiça não ultrapassar a dos escribas e a dos fariseus..." (5,20b). *Elemento conclusivo do paralelismo.* "Não entrareis no Reino dos Céus..." (5,20c).

Reforçando a profissão de fé na Torá, Mateus conclui o pequeno texto (Mt 5,17-20) com uma frase condicional, que coloca frente a frente as atitudes dos escribas e fariseus e o comportamento dos discípulos de Jesus. Escribas e fariseus podem estar falando que Jesus tenha abolido a Torá e, por isso, desconhecendo o essencial da Lei de Moisés, incorram em maldição e fiquem fora do Reino dos Céus. Diferentemente, o escriba que se faz discípulo descobre que, ao seguir a Jesus, se cumpre plenamente a Lei. E, assim, torna-se abençoado e passa a fazer parte do Reino dos Céus.[39] Esta profissão de fé na Torá, que é primorosa desde o aspecto literário até o teológico, oferece-nos o horizonte de compreensão para todo o primeiro grande discurso de Jesus, o chamado Sermão da Montanha (Mt 5–7).

Ser bem-aventurado: dom, tarefa, promessa

Aquele que se tornou discípulo ou discípula, acolhendo definitivamente a essência da Torá, por meio da fé em Jesus, recebe, em sua pequenez e fragilidade, o poder prometido das bênçãos, da felicidade, das bem-aventuranças.

As nove bem-aventuranças (Mt 5,1-12) iniciam-se, todas elas, com exclamação jubilosa: "Como é feliz este homem!". Esta mesma aclamação que abre o livro dos Salmos (Sl 1,1)

---

[39] A literatura rabínica apresenta, ironicamente, os sete tipos de fariseus: o fariseu das costas (carrega as boas obras com vaidade); o fariseu "espera um pouco"; o fariseu que se fere por penitência; o fariseu "sempre de cabeça baixa"; o fariseu calculador; o fariseu que teme a Deus, como Jó; e o fariseu que ama a Deus, como Abraão.

marca, como se fosse um refrão, o início ou o fim dos pequenos livros que compõem o saltério.[40] Algumas belas bem-aventuranças dos Salmos são as seguintes:

- "Feliz aquele cuja ofensa é absolvida!" (Sl 32,1b).
- "Feliz aquele em cujo espírito não há fraude!" (Sl 32,2b).
- "Feliz aquele que se abriga no Senhor!" (Sl 34,9b).
- "Feliz aquele que confia em Iahweh!" (Sl 40,5a).
- "Feliz quem pensa no fraco e no indigente!" (Sl 41,2a).
- "Felizes são os que habitam em tua casa!" (Sl 84,5a).
- "Feliz o povo que caminha à luz de tua face!" (Sl 89,16b).
- "Felizes são aqueles a quem ensinas a tua lei!" (Sl 94,12b).
- "Felizes são aqueles que observam o direito e praticam a justiça!" (Sl 106,3a).
- "Feliz o que teme a Iahweh!" (Sl 112,1b).
- "Felizes os que guardam os teus testemunhos!" (Sl 119,2a).

As nove bem-aventuranças do Evangelho de Mateus (Mt 5,1-12) consistem, primordialmente, no *dom da felicidade* oferecido por Deus. Acolher esse dom significa ter o prazer de servir a Deus, promovendo o seu Reino tão desejado. Afinal, "pelos frutos os conhecereis" (Mt 7,16). Por isso, bem-aventurança implica também uma *tarefa e missão*. Assumir "ser pobre"; "sofrer e afligir-se solidariamente", "ser misericordioso", "ser pacificador"; "ser perseguido por causa da justiça"; "ser injuriado por causa do nome de Jesus", tudo

---

[40] Cf. Sl 41,2; 89,16; 106,3; 146,5.

isso significa ser "colaborador de Deus".[41] Dando frutos por meio das obras da verdade, não somente da boca para fora, estes colaboradores e colaboradoras recebem a garantia do amor da parte de Deus. Desta forma, receberão de Deus as promessas de felicidade consumadas pela sua justiça e pelo seu cuidado: "serão consolados"; "serão saciados"; "serão chamados filhos e filhas de Deus".[42]

As bem-aventuranças são essencialmente dons de Deus. Acolhidas como dom, elas se tornam, na vida dos discípulos e das discípulas de Jesus, tarefas a serem levadas adiante. Realizadas como missão, elas nos levam necessariamente à posse de todas as promessas do Pai (Mt 5,3-12).

Essa longa série de bênçãos especiais recebe uma conclusão pelo acréscimo de uma décima, a certeza da felicidade e alegria formulada de forma diversa. Nessa conclusão, a bem-aventurança torna-se uma tarefa a ser executada na fé, e a promessa é a garantia da vida em Deus, testemunhada pela ação de Deus na história dos profetas.

Todas as nove bem-aventuranças iniciam-se pela solene e peremptória declaração do dom da felicidade e da alegria verdadeiras, oferecidas pelo Pai aos discípulos que realizarem a surpreendente e inesperada missão. A formulação da última bem-aventurança (Mt 5,12) rompe o tom amplo e genérico das outras oito, e diz explicitamente: "Felizes sois quando vos injuriarem e vos perseguirem e, mentindo, disserem todo o mal contra vós por causa de mim".

Bem no meio da formulação das bem-aventuranças, são apresentados os desafios inerentes à missão assumida pelos

---

[41] "Porque nós somos companheiros de trabalho no serviço de Deus, e o terreno no qual Deus faz o seu trabalho são vocês." Cf. 1Cor 3,9.
[42] Cf. Mt 6,24-34; 11,25-30; 15,21-31.

discípulos de Jesus. Ao realizá-las, ele é modificado totalmente, sendo moldado pela genuinidade e novidade da missão na qual vive. Seus desafios são assim descritos:

- Tornar-se pobre em espírito.
- Ser manso.
- Estar solidário às aflições.
- Comungar da fome e da sede pela justiça.
- Ser misericordioso.
- Fazer-se puro de coração.
- Promover a paz.
- Aceitar a perseguição por causa da justiça.
- Aceitar ser injuriado pelo nome de Jesus.

Mas, além da bênção e da missão, cada fórmula de bem-aventurança traz consigo uma promessa. Por trás de uma missão realizada e uma felicidade, ainda não totalmente visível, há uma promessa do Pai se realizando. As bem-aventuranças nos chamam a ver esta promessa se realizando, correr para ela e fazer dela nossa real motivação. Estas são as promessas aos bem-aventurados:

- Possuir o Reino dos Céus.
- Herdar a terra.
- Ser consolado.
- Ser saciado.
- Alcançar a misericórdia.
- Ver a Deus.
- Ser chamado Filho de Deus.
- Ser dono do Reino dos Céus.
- Ter uma grande recompensa nos céus, como a dos profetas.

Uma décima formulação de bem-aventurança, conclui este programa espiritual e teológico de Mateus (Mt 5,12). Nesta última certeza de alegria plena, mais uma vez, os beneficiários são os seguidores de Jesus, chamados a regozijarem-se porque, por não terem tido medo da perseguição, recebem uma grande recompensa.

Assim, Jesus anima seus discípulos perseguidos e ameaçados de todos os lados: "Fiquem alegres e felizes, pois uma grande recompensa está guardada nos céu para vocês. Porque foi assim mesmo que perseguiram os profetas que vieram antes de vós" (Mt 5,12).

Sendo dom gratuito, vivido em meio a perseguições e na força da esperança de consumação das promessas divinas, as nove bem-aventuranças tornam-se penhor do dom fidedigno da redenção e estímulo eficiente para a implantação do Reino dos Céus, que não cairá pronto do alto.

Todas as nove bem-aventuranças testemunham o mesmo amor de Deus, voltado não somente para todos os seres humanos, em geral, mas, especialmente, para as vítimas do descaso humano: os infelizes, os eternamente preteridos, aqueles que mais precisam de consolo, atenção, simpatia, enfim, os pequeninos e pobres. A demonstração da misericórdia de Deus requer, em contrapartida, a experiência de um amor fraterno para com todos os semelhantes, que fizesse cessar a ira, a vingança, a maldição, o adultério, a represália e toda espécie de separação, preconceitos e hostilidades. Todos os imperativos do Sermão da Montanha convergem para a dupla exigência de amar a Deus e ao próximo, ligados inseparavelmente, pela exigência de sermos santos. Santidade exigida na Torá de Moisés e reafirmada na Torá de Jesus, no Sermão da Montanha (cf. Lv 19,2 e Mt 5,48).

"Eu vos declaro" – A Torá oral de Jesus

Jesus, intérprete corajoso e criativo da Torá, seguindo toda a tradição do Judaísmo do seu tempo, oferece preciosas teses, capazes de aprofundar e reforçar os preceitos bíblicos, levando-os à sua raiz mais profunda e à sua intenção original.

Desta forma, Jesus convida a um pleno e total cumprimento dos preceitos que, partindo dos dez mandamentos, não somente condena o homicídio, mas também rejeita a ira. Para além do adultério, considera também fornicação o olhar maldoso. Não só o perjúrio é condenável, mas também qualquer juramento. Assim, Jesus pede mais do que o amor e a tolerância. Ele quer motivar-nos à humildade e à abdicação do direito, que constituem as pedras para o edifício da paz (*Shalom*) no futuro.

Esta concepção da Torá centrada no amor de Deus, repleta de força espiritual e permanentemente aberta a algo mais, está testemunhada pelo Midraxe[43] de Gn 6,5: "Iahweh viu que a maldade do homem era grande sobre a terra, e que era continuamente mau todo desígnio de seu coração". "O pensamento pecaminoso traz a cobiça, a cobiça traz a luxúria, a luxúria a avidez, a avidez leva à ação. Que baste isso, para te ensinar como é difícil ao homem recuar de uma para a outra".[44]

A mesma constatação pode ser encontrada em Tg 1,14-15: "Antes, cada qual é tentado pela própria concupiscência, que o arrasta e seduz. Em seguida, a concupiscência, tendo concebido, dá à luz o pecado, e o pecado, atingindo o termo, gera a morte".

Como procuravam fazer os mestres judeus do seu tempo, também Jesus reconhece a necessidade da cerca ao redor dos mandamentos, que sirva de alarme para evitar, a todo custo,

---

[43] Midraxe, palavra hebraica que significa busca, pesquisa do sentido mais profundo do texto bíblico. Método usado pelos sábios judeus.
[44] Cf. LAPIDE, op. cit., p. 46.

que o mandamento da Lei do Senhor venha a ser desrespeitado e isto leve ao crime.[45] Observemos com atenção o texto das interpretações legais de Jesus (Mt 5,21-48).

Ao desvelar o sentido profundo da Torá, Jesus revela ser o amor o outro nome da vontade de Deus. O quadro deixa claro que a interpretação de Jesus, apresentado por Mateus, segue sempre por uma linha bem precisa e muito exigente. Jesus parte do princípio da internalização da Lei. Será o espírito da Lei, aquele que presidiu a sua formulação, o encarregado de determinar o valor moral e legal de cada um dos pequenos atos realizados.

Tudo aquilo que não garantir a vida a todos e não defender o direito dos últimos e dos pequeninos, gerando discriminações e explorações, é eliminado e coibido, imediatamente, no coração daquele que ama e serve. O espírito da Lei preside e conduz a sua interpretação e a sua constante atualização. Uma formulação jurídica codificada e petrificada pelo texto de uma lei não constitui Palavra de Deus, se não expressar o seu espírito e sua fonte, que é o próprio Deus e Pai. Paulo testemunha isso, dizendo: "... a letra mata, mas o espírito comunica a vida" (2Cor 3,6).

O amor que rompe com todos os ódios e distâncias

A beleza literária e a criatividade teológica da interpretação de Jesus fundamentam-se no valor judaico do amor que quebra todo círculo de ódio, ou seja, amor aos inimigos. Os seus discípulos devem, assim, quebrar o círculo vicioso que responde ódio com redobrado ódio e violência com outra violência. As Escrituras

---

[45] "A *Torah* testemunhou a nosso favor através de uma cerca de rosas, porque mesmo que a separação seja apenas uma cerca de rosas, eles não abrirão nela nenhuma brecha" (*Rav Kahana*). Apud: LEVINAS, E. *Quatro leituras talmúdicas*. São Paulo: Perspectiva, 2003. p. 160.

Sagradas falam do amor como força para vencer o ódio.[46] Amar o inimigo consiste na imitação da santidade e perfeição de Deus.

Além desta imitação da integridade e fidelidade do Pai, o versículo de Mt 5,48 pode ser traduzido, sem grandes dificuldades, da seguinte forma: "Haveis de retribuir como retribui o vosso Pai celeste". Tal possibilidade de tradução tem raízes na literatura rabínica e combina bem com outras passagens de Mateus e com o Evangelho de Lucas.[47]

A Torá oral de Jesus, transmitida a nós pelo Sermão da Montanha, de Mateus (Mt 5–7), indica as trilhas para podermos escalar o cume da Lei de Deus. Esta árdua subida implica na destruição de todo tipo de ódio, na interrupção de todas as terríveis maldições da humanidade, na eliminação de todas as escandalosas separações. Colocando ponto final no ódio, na inveja e na vingança e vivendo a radicalidade do mandamento divino do amor, cumpre-se assim, plenamente, a Torá e se abre a porta da realização do Reino dos Céus. Assim também acreditava o sábio judeu Maimônides (1135-1204 E.C.):

> Não é preciso morrer para que Deus e seu reinado sejam santificados, ainda que o martírio represente o grau supremo de santificação. Nem a mortificação pessoal e muito menos a morte são metas da autossantificação judia. Mas, santifica publicamente o nome de Deus aquele que evita o pecado e guarda os mandamentos, desejando unicamente amar a Deus – não por medo do castigo ou para vangloriar-se disso – aquele que é cortês e afável com seus semelhantes; que suporta a ofensa sem revide; que enfrenta com dignidade a quem o despreza, aquele que é amável no trato com as pessoas.[48]

---

[46] Dt 22,4; Ex 23,4-5; Midraxe de Ex 23,3-4 e de Dt 22,4; Lc 6,27b.35bc; Rm 12,17-18.
[47] Vejamos algumas passagens que indicam esta forma de imitar a Deus: Eclo 28,1-2; Êxodo Rabá 26,2; Mt 5,7; 6,12-15; 7,1; Lc 6, 37.38c; Didaqué 1,3.
[48] Cf. MAIMÔNIDES, op. cit., p. 117.

Jesus praticou fielmente sua Torá oral lavando os pés de seus discípulos (Jo 13,4-15); deixando-se prender sem opor resistência (Mt 26,47-56); assumindo toda a responsabilidade para evitar derramamento de sangue no Getsêmani (Mt 26,52-54); calando-se ao ser escarnecido (Mt 27,27-31); oferecendo a outra face aos que o golpeavam (Mt 26,67-68); emudecendo diante dos seus acusadores (Mt 27,14); oferecendo conforto aos que sofriam junto com ele na cruz (Lc 23,28-31; 23,39-43); esperando contra toda esperança diante da morte violenta e terrível (Lc 23,46; Mt 27,46); morrendo com palavras de perdão aos seus inimigos nos seus lábios (Lc 23,33-34).

Em sua carta, Pedro testemunha a fidelidade de Jesus a seus princípios até o fim: "Quando injuriado, não revidava; ao sofrer, não ameaçava, antes, punha a sua causa na mão daquele que julga com justiça" (1Pe 2,23).

Enfim, Jesus aprendeu desde cedo que o verdadeiro nome da Torá não é revelação, nem instrução, nem muito menos Lei, mas sim *amor*. A ele foi ensinado que pela obediência aos mandamentos da Torá se obtém a "vida". Para se buscar sempre na Lei um sentido vivificante, faz-se necessário que ela seja constantemente de novo interpretada.

Jesus dá um sentido renovado à Torá pelo princípio da vida abundante que o Messias vem trazer ao povo de Israel (Mt 11,4-6). Reconhecendo a Torá como o amor de Deus, fonte da vida, Jesus a interpreta sem alterar nenhuma letra e nenhuma vírgula da Lei de Moisés (Mt 5,18). Ele sabe que, para quem interpretar desta forma, todas as 70 explicações possíveis sobre cada palavra da Torá são válidas diante de Deus.[49]

---

[49] "A terceira válvula de segurança contra o congelamento legalista era a pressuposição das setenta interpretações possíveis para cada palavra da Bíblia." LAPIDE, op. cit., p. 21.

5
Jesus, o sábio Mestre da Galileia

Após um período vivendo no silêncio em Nazaré, Jesus apresenta-se a todos como o humilde Mestre da Galileia (Mt 4,12-17). Aos olhos do povo, ele era o Mestre da Galileia. Outros o interpelam normalmente chamando-o, com respeito ou com certo deboche, de "mestre".[1] Também os curiosos e interessados em conhecer a doutrina de Jesus o chamam de "mestre", como fez o escriba que desejava ser discípulo (Mt 8,19), e o jovem que procurava o caminho da vida eterna (Mt 19,16). Judas Iscariotes, na ceia e no momento da traição também o denomina *"Rabi"* (Mt 26,25.49). E, por fim, Jesus mesmo se autodefine como "mestre" (Mt 23,8; 26,18).

Jesus se assenta, tomando a posição típica do mestre, no início dos seus dois primeiros discursos. Em Mt 5,1, iniciando o sermão das bem-aventuranças, ele sobe à montanha, assenta-se e seus discípulos se aproximam para aprender (Mt 5,1–7,29). Em Mt 13,1 acontece uma cena semelhante. Jesus sai de casa, senta-se à beira do mar e, depois, dentro do barco. Ao seu redor, então, ajunta-se uma grande multidão para ouvir o seu Sermão das Parábolas (Mt 13,1-52).

Jesus também realiza as ações de um mestre em seus outros discursos: no Sermão da Missão (Mt 10,1-42) ele chama seus doze discípulos e lhes dá instruções especiais (Mt 10,5;

---

[1] Cf. Mt 9,11; 12,38; 17,24; 22.16.24.36.

11,1). No Discurso da Comunidade (Mt 18,1-35), ele responde perguntas (Mt 18,1.21). No Discurso Escatológico (Mt 24,1–25,46), ele está, mais uma vez, assentado no Monte das Oliveiras para ensinar (Mt 24,3). Como Mestre, Jesus chama discípulos e lhes ensina o sentido correto e definitivo da Lei de Moisés e os envia em missão a todas as nações (Mt 28,16-20).

Mas Jesus tem um jeito todo especial de fazer discípulos e discípulas. Eles e elas devem imitar sua maneira de ser, mansa e humilde como ele. Este é o ideal das bem-aventuranças, concretizado na vida dos cristãos e em suas comunidades. Em sua vida, Jesus acolheu e serviu à multidão de doentes, enfermos, esquecidos, estrangeiros. Ele foi o juiz messiânico e o novo Moisés que assumiu suas causas e lhes deu a terra prometida, agora chamada de Reino dos Céus (Mt 11,1-6).

Jesus ensina sobre o Reino

Mateus nos oferece um ícone vivo e colorido do Mestre Jesus, por meio do seu ensinamento. Do início até o fim do Evangelho, observa-se um cuidado especial na determinação do conteúdo do ensino e nas reações imediatas dos ouvintes.

Como muito bem atesta o Discurso em Parábolas (Mt 13,1-51), o conteúdo das palavras de Jesus aborda o Reino dos Céus. Este novo modo de ser e de viver exige que o discípulo de Jesus faça uma passagem, uma mudança de mentalidade, uma conversão (Mt 4,17). A chegada plena e definitiva do Reino dos Céus não lhe deixa alternativa. Ele precisará mudar a sua vida. Todos são chamados a arar seus corações, para se tornarem terra boa que produza muitos frutos (Mt 13,8.23).

As palavras que Jesus vai proferindo pelas aldeias da Galileia sempre provocam reações. As multidões anônimas que o seguem e observam seus milagres ficam admiradas, extasiadas, surpresas, atônitas... Observam que o ensinamento de Jesus é pleno de autoridade e muito diferente do modo como os escribas ensinam (Mt 7,29; Mt 23,1-39).

Provocadas, as multidões sentem-se como que convocadas por Jesus a se tornarem uma multidão de discípulos e discípulas. Não acontece assim com os chefes dos sacerdotes e com os líderes religiosos de Jerusalém. Eles questionam a autoridade das palavras de Jesus (Mt 21,23) e armam sempre ciladas para fazê-lo condenar-se por suas próprias palavras (Mt 22,16).[2]

Mateus insiste ainda em que o ensino de Jesus estende-se e continua por meio da missão de seus discípulos e de suas discípulas. Jesus dá instruções claras e pormenorizadas, ao enviar seus discípulos em missão (Mt 11,1). A função específica dos enviados de Jesus é exatamente ensinar e anunciar a chegada definitiva do Reino dos Céus (Mt 10,7). Jesus vai à frente deles levando a presença do Reino, e eles vão atrás dele fazendo com que todos em Israel e nas nações conheçam e abracem o Evangelho de Jesus (Mt 11,1).

Despedindo-se dos onze, assim Jesus lhes disse: "Ide e fazei que todas as nações se tornem discípulas, batizando-as em nome do Pai, do Filho e do Espírito Santo e ensinando-as a observar tudo quanto vos ordenei. E eis que eu estou convosco todos os dias, até a consumação dos séculos" (Mt 28,19-20).

As palavras de sabedoria de Jesus

Jesus profere cinco grandes discursos, ao longo do Evangelho de Mateus: o Discurso Evangélico (Mt 5–7); o

---

[2] Cf. Mt 22,15-21, sobre o imposto devido a César; Mt 22,23-33, sobre a ressurreição dos mortos; Mt 22,34-40, sobre o maior mandamento; Mt 22,41-46, sobre o Messias.

Discurso Apostólico (Mt 10); o Discurso em Parábolas sobre o Reino dos Céus (Mt 13); o Discurso da Igreja/Comunidade (Mt 18) e o Discurso Escatológico (sobre o fim dos tempos, Mt 24–25). Além destes ensinamentos de Jesus, Mateus nos permite escutar muitas outras palavras da sua boca. Estes ditos guardam toda a sabedoria proverbial e a fé prática dos judeus, que buscam nas coisas do dia a dia a presença do mistério de Deus.

Palavras com que Jesus define a si mesmo

- "Eu não vim chamar justos, mas pecadores" (Mt 9,13b).

- "Tudo me foi entregue por meu Pai, e ninguém conhece o Filho senão o Pai, e ninguém conhece o Pai senão o Filho e aquele a quem o Filho o quiser revelar..." (Mt 11,27ab).

- "Tomai sobre vós o meu jugo e aprendei de mim, porque sou manso e humilde de coração, e encontrareis descanso para vossas almas, pois meu jugo é suave e meu fardo é leve" (Mt 11,29-30).

- "Não há profeta sem honra, exceto em sua pátria e em sua casa" (Mt 13,57b).

- "O Filho do Homem não veio para ser servido, mas para servir e dar a sua vida como resgate por muitos" (Mt 20,28).

- "Eu estou convosco todos os dias, até a consumação dos séculos" (Mt 28,20b).

A identidade e a missão de Jesus revelam-se em sua plena comunhão com o Pai. A identidade de Jesus faz transparecer aos discípulos o rosto misericordioso e manso do Pai. E a missão do Filho demonstra a presença do Pai servindo a todas as nações. Os frutos produzidos pelos discípulos fazem com que as nações glorifiquem o Pai dos Céus (Mt 5,16).

Palavras que indicam a identidade dos discípulos de Jesus

Como o Evangelho de Mateus define a pessoa e a missão do discípulo e da discípula? Que expressivas imagens configuram o rosto dos seguidores e seguidoras de Jesus? Que atitudes existenciais o chamado de Jesus exige dos que o seguem?

- "Vós sois o sal da terra" (Mt 5,13a).
- "Vós sois a luz para o mundo" (Mt 5,14a).
- "Pois eu vos asseguro que, se a vossa justiça não ultrapassar a dos escribas e a dos fariseus, não entrareis no Reino dos Céus" (Mt 5,20).
- "Que o vosso 'sim', seja sim, e o vosso 'não', não. O que passa disso vem do maligno" (Mt 5,37).
- "Deveis ser perfeitos como vosso Pai celeste é perfeito" (Mt 5,48).
- "Buscai, em primeiro lugar, o Reino de Deus e sua justiça, e todas essas coisas vos serão acrescentadas" (Mt 6,33).
- "Vinho novo se põe em odres novos; assim ambos se conservam" (Mt 9,17c).
- "A colheita é grande, mas poucos os operários" (Mt 9,37).
- "Quem não está a meu favor, está contra mim; e quem não ajunta comigo, dispersa" (Mt 12,30).
- "Quem faz a vontade do meu Pai, que está no céu, é meu irmão, minha irmã e minha mãe" (Mt 12,50).

- "Se tiverdes fé como um grão de mostarda, direis a esta montanha: transporta-te daqui para lá, e ela se transportará, e nada vos será impossível" (Mt 17,20bc).
- "Todo escriba que se tornou discípulo do Reino dos Céus é semelhante ao proprietário que do seu tesouro tira coisas novas e coisas velhas" (Mt 13,52).
- "Não desprezeis nenhum desses pequeninos, porque eu vos digo que os seus anjos nos céus veem continuamente a face de meu Pai que está nos céus" (Mt 18,10).
- "Tudo o que pedirdes com fé, em oração, vós o recebereis" (Mt 21,22).

O pequeno grupo dos seguidores, formado por pessoas que fazem a vontade do Pai com toda a alegria, é considerado por Jesus como a sua própria família. Procurado por sua mãe e irmãos (Mt 12,46-50), Jesus, traçando com o braço um círculo que envolvia os que lhe estavam ao redor, disse: "Aqui estão a minha mãe e os meus irmãos" (Mt 12,49b). Este gesto atesta o significado espiritual e teológico da proximidade com o Mestre. Somente haverá a família de Jesus, a comunidade dos discípulos, se estes estiverem ao redor da pessoa e da palavra de Jesus. A relação íntima do Mestre e os discípulos os configura como "Luz" para as nações e "Sal" para a humanidade.

Palavras que transmitem valores éticos e espirituais

Que princípios éticos devem nortear a vida dos seguidores de Jesus? Como os seguidores de Jesus marcam sua presença no meio das nações?

- "Dá ao que te pede e não voltes as costas ao que te pede emprestado" (Mt 5,42).

- "Onde está teu tesouro aí estará também teu coração" (Mt 6,21).
- "Ninguém pode servir a dois senhores. Com efeito, ou odiará um e amará o outro, ou se apegará ao primeiro e desprezará o segundo. Não podeis servir a Deus e ao dinheiro" (Mt 6,24).
- "Tudo aquilo que quereis que os homens vos façam, fazei-o vós a eles, pois esta é a Lei e os Profetas" (Mt 7,12).
- "Entrai pela porta estreita, porque largo e espaçoso é o caminho que conduz à perdição. Estreita é a porta e apertado o caminho que conduz à vida. E poucos são os que o encontram" (Mt 7,13-14).
- "Misericórdia quero, e não sacrifício" (Mt 9,13a; 12,7a).
- "O homem bom, do seu bom tesouro tira coisas boas, mas o homem mau, do seu mau tesouro tira coisas más" (Mt 12,35).
- "Mas o que sai da boca procede do coração e é isto que torna o homem impuro" (Mt 15,18).
- "É mais fácil o camelo entrar pelo buraco da agulha do que o rico entrar no Reino de Deus" (Mt 19,24).
- "Amarás ao Senhor teu Deus de todo o teu coração, de toda a tua alma e de todo o teu espírito. Esse é o maior e o primeiro mandamento. O segundo é semelhante a esse: Amarás o teu próximo como a ti mesmo" (Mt 22,37-40).
- "Dai, pois, o que é de César, a César, e o que é de Deus, a Deus" (Mt 22,21b).
- "O maior dentre vós será aquele que vos serve" (Mt 23,11).

- "Aquele que se exaltar será humilhado, e aquele que se humilhar será exaltado" (Mt 23,12).

- "Em verdade vos digo: cada vez que o fizestes a um desses meus irmãos mais pequeninos, a mim o fizestes" (Mt 25,40).

As colunas centrais da vida prática dos discípulos são sustentadas pela fidelidade à justiça; pelo esforço do amor e busca incessante da obediência, que leva à sabedoria divina. Os grandes princípios que regem a vida ética dos discípulos também podem ser regidos pela máxima maior do profeta Miqueias (Mq 6,8): "Foi-te anunciado o que é bom e o que Iahweh exige de ti: nada mais do que praticar a justiça, amar a bondade e te sujeitares a caminhar com Deus".

Palavras de sabedoria que revelam os segredos do juízo de Deus

Qual é o anúncio de Jesus para os dias finais? O que devem fazer seus discípulos, enquanto o Cristo ainda não voltar? Como devem viver seus seguidores, na espera da volta do seu Senhor?

- "Aquele que acha a sua vida, a perderá, mas quem perde sua vida por causa de mim, a achará" (Mt 10,39; 16,25).

- "Pois àquele que tem, lhe será dado e lhe será dado em abundância, mas ao que não tem, mesmo o que tem lhe será tirado" (Mt 13,12; 25,29).

- "Muitos dos primeiros serão últimos, e muitos dos últimos, primeiros" (Mt 19,30; 20,16).

- "Muitos são chamados, mas poucos escolhidos" (Mt 22,14).

- "Onde estiver o cadáver, aí se ajuntarão os abutres" (Mt 24,28).
- "Passarão o céu e a terra. Minhas palavras, porém, não passarão" (Mt 24,35).
- "Vigiai, porque não sabeis em que dia vem vosso Senhor. Vigiai, porque não sabeis o dia nem a hora. Vigiai e orai, para que não entreis em tentação, pois o espírito está pronto, mas a carne é fraca" (Mt 24,42; 25,13; 26,41).
- "Guarda a tua espada, pois todos os que pegam a espada, pela espada perecerão" (Mt 26,52).

Estas máximas da sabedoria de Jesus guardam a essência espiritual do Evangelho de Mateus.[3] As suas palavras de sabedoria nos lembram dos sábios mestres de Israel, de Salomão, de Jó.

Jesus: mestre das parábolas

Jesus apresentava o seu ensinamento e sua sabedoria, aos que o ouviam, quase sempre por meio de pequenas comparações, muito curtas e eficazes, conhecidas com o nome de parábolas.

O mestre Jesus ensinou o povo contando-lhes parábolas, isto é, casos, alguns longos, outros curtos. Ao falar de "semeadura", de "ovelhas perdidas", "de cultivo das uvas", "de contratação de trabalhadores" etc., as pessoas imediatamente entendiam o que Jesus estava falando.

No entanto, desvendar o sentido escondido, metafórico e espiritual das parábolas nem sempre foi fácil. Algumas vezes, em casa, Jesus explicava aos seus discípulos suas comparações, ponto por ponto.

---

[3] Cf. CARTER, op. cit., p. 54.

Mateus agrupou sete parábolas sobre o Reino dos Céus, no Discurso das Parábolas (Mt 13,1-52) e outras dez parábolas, quase todas de cunho escatológico:

1. O rei que resolveu acertar contas com seus servos (Mt 18,23-35). Parábola conclusiva do sermão do perdão (Mt 18), tem uma pequena conotação escatológica, pelo castigo determinado ao empregado. O fato de ser dívida astronômica e impossível de ser paga, indica que seu castigo foi definitivo (Mt 18,34).

2. O pai de família que contrata trabalhadores para sua vinha (Mt 20,1-16). A imagem do pagamento de salários, típica da apocalíptica (Mt 20,16), é colocada em relação à necessidade de trabalhadores na vinha (Mt 20,1.3.5.6) e à bondade do dono da vinha (Mt 20,13-15).

3. O homem que tinha dois filhos e os mandou trabalhar em sua vinha (Mt 21,28-32). A urgência do trabalho, a ordem para que fosse feito imediatamente e o julgamento da reação dos dois filhos, mostram o seu aspecto escatológico. Na conclusão, isso fica muito evidente que: "Os publicanos e as prostitutas vos precederão no Reino de Deus" (Mt 21,31c).

4. Os vinhateiros que não pagam o arrendamento e se tornam homicidas (Mt 21,33-46). A pergunta, no final da parábola, mostra seu caráter apocalíptico: "Quando vier o dono da vinha, que fará com esses vinhateiros?" (Mt 21,40). A repetida descrição das perseguições que sofreram os enviados do dono da vinha e, por fim, o assassinato do filho, mostra a situação de ameaça constante experimentada pela comunidade (Mt 21,35.36.38-39).

5. O rei que celebrou as bodas de seu filho e para isto chamou seus convidados (Mt 22,1-14). Os motivos escatológicos

se repetem: banquete, convidados, os que se recusaram a vir para a festa. O convidado que estava na festa sem a roupa apropriada, e o castigo que lhe foi imposto, são imagens tipicamente apocalípticas (Mt 22,12-14).

6. A figueira que começa a brotar (Mt 24,32-36). A indicação da proximidade do verão, pelo desabrochar das folhas da figueira, é sinal dos últimos dias (Mt 24,34).

7. O mordomo que deve cuidar da casa (Mt 24,45-51). As imagens escatológicas são bem evidentes na parábola: vigilância e prêmio (Mt 24,46-47); descuido, desatenção com os irmãos e castigo (Mt 24,48-51).

8. As dez virgens chamadas para o casamento (Mt 25,1-13). A chegada do noivo em uma hora imprópria indica o último dia (Mt 25,5). A constante e atenta vigília por sua chegada é o que se espera dos discípulos de Jesus (Mt 25,4.10).

9. O rei que entrega seus bens (talentos) a seus servos (Mt 25,14-30). Uma série de elementos, desta famosa alegoria, indica seu notório sentido escatológico: necessidade de negociar com os talentos; o medo pela severidade do patrão; o dia do juízo; a premiação e o castigo; a fórmula típica de condenação escatológica (Mt 25,30).[4]

10. O pastor que separa ovelhas e cabritos (último julgamento) (Mt 25,31-46). Muitos elementos apocalípticos formam o imaginário da alegoria: o Filho do Homem vindo com os anjos para julgar (Mt 25,31); a comparação do povo com rebanhos; as expressões: "benditos" (Mt 25,34) e "malditos" (Mt 25,41); os termos "castigo eterno e vida

---

[4] Cf. Mt 8,12; 13,42.50; 22,13; 24,51; 25,30. A fórmula é: "Ali ele vai chorar e ranger os dentes de desespero".

eterna" (Mt 25,46). De forma perfeita, esta parábola une o imaginário apocalíptico do juízo com a missão a ser feita na vida pelos discípulos de Jesus (Mt 25,40.45).

Muitas comparações diferentes e elementos metafóricos são articulados a ponto de formarem um pequeno conto exemplar sobre as atitudes a serem tomadas pelos discípulos, em vista do fim iminente dos tempos.[5] Para Mateus, a demora da vinda definitiva do Senhor tem como objetivo a identificação melhor dos falsos líderes, que se arvoraram como arautos do Senhor (Mt 21,33-46).

Quem entende as parábolas de Jesus?

Mateus oferece algumas chaves precisas, para a compreensão da pedagogia das parábolas de Jesus. De acordo com o leitor almejado, orientações diferentes lhes são oferecidas. Vejamos.

As multidões são desafiadas à compreensão das parábolas de Jesus

Por que as parábolas devem permanecer como enigma, para as multidões? Quando, finalmente, o sentido das parábolas poderá ser compreendido plenamente? O que dará às multidões a chave capaz de fazê-las acolher o sentido das parábolas?[6] Para ouvir, ver e compreender, as multidões devem se tornar "discípulos missionários" de Jesus (Mt 11,29; 28,18-20).

As parábolas explicadas aos discípulos

Os discípulos não são os primeiros destinatários das parábolas, mas a eles, privadamente, elas são explicadas em

---

[5] Cf. OVERMAN, op. cit., p. 370.
[6] Cf. Mt 13,13; Is 6,9-10; Mt 13,34-35; Sl 78,2.

detalhes (somente os daquelas parábolas mais importantes e difíceis – Mt 13,10-11.18).

O "escriba-discípulo",[7] talvez Mateus, realiza o objetivo das parábolas: compreender como funciona o Reino de Deus. O discípulo missionário vê, ouve, compreende! (Mt 13,16.51-52).

Os fariseus entendem que as parábolas eram contadas contra eles

Por que as parábolas escatológicas ameaçam os fariseus? Qual sentido da parábola é evidente para os fariseus? Diante da clareza da mensagem de Jesus contra eles, o que fazem os fariseus ao longo do Evangelho de Mateus?

Alguns fariseus se sentiram intimidados e ameaçados pelas parábolas que Jesus contava ao povo. E, por causa delas, querem fazer Jesus calar (Mt 21,45-46).

Essas reações diversas demonstram que a pedagogia das parábolas de Jesus pretende modificar comportamentos deficientes ou inadequados em seus ouvintes. Mais do que comunicar ideias, as parábolas de Jesus visam a uma (re)ação concreta e imediata por parte do ouvinte. Modificar-se ou ao menos iniciar o caminho da mudança é o que, de fato, significa compreender uma parábola. Sendo assim, as parábolas são como que caminhos múltiplos de diálogos abertos por Jesus a interlocutores desconfiados, agressivos, passivos e até desinteressados. As parábolas, mais que didática de ensino popular, são escola de constante e ininterrupto diálogo. Mesmo quando,

---

[7] "Em ambos os casos (Mt 13,52 e 23,34) fica clara a presença de escribas dentro da comunidade cristã. Desta forma, o evangelista distingue, no interior de um mesmo grupo, a presença de adversários e seguidores, mesmo que estes últimos apareçam com pouca frequência." CISTERNA, F. E. *O Evangelho de Mateus*; o relato, o ambiente, os ensinamentos. São Paulo: Ave-Maria, 2009. p. 18.

aparentemente, geram polêmica, na verdade, o que querem é manter ativados os fios da conversa. Elas não pretendem fechar a boca dos adversários, mas buscam sem cessar alguma (re)ação dos interlocutores, para manter abertos os canais de escuta e de resposta. Tomando a devida posição de compreensão diante da parábola, o ouvinte experimenta a ação poderosa de sua força persuasiva.[8]

As sete parábolas do Reino dos Céus (Mt 13)

As sete parábolas do Reino dos Céus possuem uma dinâmica comunicativa, composta de três elementos fundamentais:[9]

1. As parábolas buscam mudar comportamento. Cada uma das comparações oferecidas pelas parábolas serve de modelo ou de antimodelo para que o leitor faça a imediata comparação com sua vida. Compreender a parábola significa direcionar sua vida no caminho indicado ou exigido. Isto é bem claro na reação dos fariseus à parábola dos vinhateiros homicidas (Mt 21,33-46). Eles entenderam que Jesus estava falando a respeito deles e decidiram prendê-lo (Mt 21,45-46).

2. As parábolas consistem em uma técnica de manter o diálogo entre orador e ouvinte. Sendo clara, direta, curta e evidente, a comparação lançada ao público pela parábola tem uma reação imediata. Se seu sentido não se mostrou evidente, denotando certa falha na comunicação, Jesus, privadamente, retoma a parábola e explica seus vários elementos alegóricos (Mt 13,18-23.36-43). A expectativa

---

[8] "As comunidades de seguidores de Jesus acreditam que as parábolas definiam elementos existentes na vida social e intelectual delas. Esta é uma característica identificadora das comunidades centradas em Jesus." OVERMAN, op. cit., p. 217.

[9] Cf. DUPONT, J. *Por que parábolas?* O método parabólico de Jesus. Petrópolis: Vozes, 1980. pp. 13-14.

pragmática para o ouvinte de uma parábola é ele se perguntar acerca da relação entre sua vida e a comparação ouvida. Ele fica diante das perguntas: o que essa comparação tem a ver comigo e com minha vida (Mt 13,33)? Em qual destes terrenos me encaixo (Mt 13,1-9)? O que tenho feito com os meus talentos (Mt 25,14-30)?

3. As parábolas têm uma força intrínseca de persuasão. A expressão recorrente após algumas parábolas "Quem tem ouvidos, ouça" (Mt 13,9.43) indica o caráter provocador e até intimidador das parábolas. Os ouvintes das parábolas de Jesus ficavam perturbados e incomodados. Quando entendiam a parábola, precisavam se adequar à mensagem dela. Se não a compreendiam, sentiam-se condenados (Mt 13,14-15). Quando sentiam que era contra eles, alguns decidiam prender Jesus (Mt 21,45-46). Os discípulos se sentiam envergonhados quando não sabiam do que Jesus estava falando e pediam explicações (Mt 13,16-23).

A descrição destes três elementos comunicativos, presentes nas parábolas do semeador, do trigo e do joio, do grão de mostarda, do fermento na massa, do tesouro escondido, da pérola rara encontrada e da rede lançada ao mar, será elaborada nos tópicos a seguir.

A parábola do semeador (Mt 13,4-9)

A riqueza comunicativa da parábola do semeador reside em seus diversos núcleos narrativos:

- *A diversidade dos terrenos*. Os movimentos bruscos dentro da parábola acontecem com a mudança cada vez para um terreno muito diferente: terreno num caminho; terreno com muitas pedras; terreno com muitos espinhos; terreno bom (Mt 13,3-8.19-23).

- *A ação constante do persistente semeador.* Um movimento constante e ininterrupto marca a dinâmica profunda do enredo da parábola: o semeador semeia sempre sobre todos os terrenos: "Eis que o semeador saiu para semear" (Mt 13,3). E ele continua semeando em todos os terrenos.

- *A vitalidade da semente.* Em todos os terrenos, de formas muito diversas, a semente demonstrou sua vitalidade. Mesmo aquelas semeadas sobre o caminho, que não puderam nascer, alimentaram os pássaros do céu (Mt 13,4).

- *Os estágios de crescimento da planta e a produção dos frutos.* As sementes semeadas no terreno de pedras se tornaram pequenas plantinhas (Mt 13,5-6). As sementes semeadas sobre os espinhos cresceram e ficaram árvores grandes, mas não deram nenhum fruto (Mt 13,7). As que foram semeadas na terra boa deram cem, sessenta, trinta grãos por uma semente plantada na terra (Mt 13,8).

Três modelos provocam mudança de comportamento, a partir da parábola do semeador:

1. O semeador que semeia sempre sobre todos os terrenos.

2. As sementes lançadas sobre o caminho, as pedras e os espinhos nada produzem.

3. As sementes caídas na terra boa produzem muito.

Algumas perguntas provocam o leitor e o convidam ao diálogo:

- Este semeador é inexperiente ou não conhece bem onde semeia?

- Por que será que ele sai semeando sem parar e para todos os lados?

- O que é mesmo a dureza do caminho? A superficialidade do terreno cheio de pedras? E sufocar-se entre os espinhos?
- Que terra é essa que se abre para a semente?
- Por que será que nem toda semente produz outras cem sementes?

Uma força comunicativa de persuasão permanece no espaço pragmático da compreensão da parábola:

- O semeador confia na qualidade e na dinâmica da semente que semeia.
- O caminho, o terreno pedregoso e o terreno com espinhos podem se tornar terra boa se forem arados, limpos e destocados.
- Não importa a quantidade, o que é necessário é produzir novas sementes com esta mesma qualidade e dinâmica.

Na parábola do semeador, o Reino dos Céus consiste na dupla ação de aceitar a semente da Palavra e, concomitantemente, tornar-se terra boa. O ouvinte permite que ele seja arado de suas obstinações; que os pedregulhos de superficialidade e medo lhe sejam removidos; que lhe sejam arrancados todos os brotos de espinhos para que, assim, a semente tenha espaço para germinar, brotar, crescer e dar muitos frutos.

Mesmo que Mateus tenha dado a esta parábola o nome de "parábola do semeador" (Mt 13,18), ela poderia muito bem ser chamada de "parábola dos quatro terrenos diferentes". Ser discípulo ou discípula do Reino dos Céus significa ser terra boa, para acolher a semente da Palavra de Jesus e produzir frutos para todas as nações.

A parábola da semente do trigo e da semente do joio (Mt 13,24-30)

Esta parábola traz um sentido escatológico, que é uma antecipação das parábolas do final do Evangelho de Mateus,[10] mantém uma leitura em quatro níveis: o trabalho do dono do campo que semeou o trigo; o trabalho de satanás que semeou o joio; o trabalho dos empregados que devem esperar a colheita; a necessidade de todos esperarem o tempo da colheita.

A mudança de comportamento é forçada na parábola do trigo e do joio, por dois modelos opostos e excludentes: *solução imediata* é a perda de tudo, tanto das sementes quanto do trabalho; *solução retardada* é a recuperação de parte das sementes. O segundo modelo exige paciência, espera e convívio com o joio até o dia da colheita.

O diálogo aberto com o leitor se agita partindo de várias perguntas: valerá a pena esperar tanto? A reduzida quantidade de grãos na colheita valerá mesmo a pena? Não seria melhor arrancar tudo agora e aproveitar de modo mais eficiente o terreno? Não corremos o risco de tudo se transformar em joio? Vamos correr este risco? O que pode garantir a incorruptibilidade do trigo?

As imagens fortes e as explicações da parábola do trigo e do joio querem levar o ouvinte a persuadir-se de que a semente boa sempre produzirá grãos bons, que não podem, de modo algum, serem perdidos. Por isso, nada há que se fazer senão esperar o dia da colheita.

Na parábola do trigo e do joio, o Reino dos Céus é definido como processo a se realizar plenamente no "dia da colheita", isto na sua realização escatológica. Lá convivem a semente

---

[10] A parábola das dez virgens (Mt 25,1-13); a parábola dos talentos (Mt 25,14-30); a parábola do juízo final (Mt 25,31-46).

boa, a terra boa e os trabalhadores da lavoura com sementes de pragas, que somente serão eliminadas no dia final. O que fazer? Vigiar para que o inimigo não se aproveite de descuidos e contamine todo o trigo.

A parábola do grão de mostarda (Mt 13,31-32)

A expressividade desta parábola acentua um poderoso jogo de oposições e contrastes, de forte efeito sobre os ouvintes: pequena semente e grande hortaliça; pequena semente e grande crescimento. Hortaliça e árvore. Árvore e os ninhos dos passarinhos. Hortaliças que só têm folhas e uma árvore que tem ramos e galhos. A pequena semente enterrada na terra e a árvore que cresce.

A parábola da menor de todas as sementes, a da mostarda, requer uma mudança de atitude do ouvinte/leitor, diante do que parece ser insignificante. O sentido do que é tão pequeno lança as bases do diálogo, perguntando: o que foi que, por ser tão pequeno, passou totalmente despercebido? O que está escondido dentro das mínimas coisas que não temos visto?

Há uma força de persuasão natural e óbvia nesta parábola, pois a semente se torna a maior das hortaliças e abriga nos ramos os ninhos dos passarinhos.

Na parábola da semente de mostarda, o Reino dos Céus caracteriza-se por ser muito pequeno. Estando próximo de Jesus, o discípulo e a discípula percebem a verdadeira grandeza do Reino dos Céus, no mistério desta pequenina semente.

A parábola do fermento misturado a três medidas de farinha (Mt 13,33)

A parábola do fermento na massa, que forma um estreito paralelo com a parábola do grão de mostarda,[11] continua o

---

[11] A parábola da semeadura do grão de mostarda é trabalho de um homem (Mt 13,31); e a parábola da fermentação da massa do pão é trabalho de uma mulher (Mt 13,33).

interessante jogo de contrastes lógicos: fermento em quantidade mínima e massa abundante. Fermento que desaparece na massa e a massa que cresce. Fermento completamente misturado na massa de modo invisível é a causa do grande tamanho e beleza do pão.

A parábola do fermento na massa radicaliza o modelo de mudança de comportamento, apresentado pela pequenez do grão de mostarda. Mais que pequeno, além de ser medido por pitadas, o fermento na massa desaparece totalmente. A mulher conhece o seu efeito e sabe a quantidade certa. Espera que a levedação aconteça e assa um saboroso e lindo pão. O diálogo interno da parábola, com seus ouvintes/leitores, prossegue:

- Onde está, no saboroso pão, o fermento?
- Poderia ele agir sem se misturar e desaparecer?
- Como a massa toda recebe a ação do fermento, colocado em tão reduzida quantidade? A força de persuasão decorre naturalmente. O fermento é absorvido e desaparece, para que o pão seja saboroso e de bela aparência.

O Reino dos Céus, na parábola do fermento e da massa, é uma força capaz de transformar tudo e todos. Sendo apenas uma "pitada" e agindo de forma invisível, o Reino dos Céus age constante e gradualmente sobre todos. Sua atuação acontece no interior da "massa". De um modo constante e gradual, discreto e eficaz, o Reino dos Céus toca e transforma a realidade profunda de tudo. Ele confere a tudo e a todos, sob seu efeito, beleza, sabor, bondade, consistência, sentido, santidade e vitalidade.

A parábola do tesouro escondido no campo (Mt 13,44)

As parábolas do tesouro escondido, da pérola preciosa e da rede exigem que se faça uma escolha radical:

- A venda dos bens para a compra do campo ou da pérola.
- A seleção dos peixes bons e ruins.

Uma dupla leitura pode ser feita destas três parábolas:

1. O ouvinte (discípulo ou discípula) é aquele que deve procurar o tesouro e a pérola; e também selecionar os peixes.
2. Deus pode ser aquele que agora achou seu tesouro, sua pérola e seus peixes bons, por meio de seu Filho Jesus que escolhe seus seguidores e suas seguidoras.

A parábola do tesouro implica um processo amplo de mudança de comportamento:

- Reconhecer o valor do tesouro que achou e escondê-lo muito bem.
- Vender tudo que tem para comprar o direito de ter aquele tesouro. O calor das perguntas que atiçam o diálogo chega a altíssimas temperaturas: que tesouro tão precioso será este? Por que tudo deve ser alienado para poder adquiri-lo? De onde vem a alegria daquele que o achou?

A força comunicativa de persuasão, presente nas últimas três parábolas (tesouro precioso; pérola; rede cheia de peixes) tem uma conotação teológica e sapiencial evidente. Diante do essencial e absoluto da vida, todo o restante está confinado à sua diminuta e reduzida importância.

Na parábola do tesouro escondido no campo, o Reino dos Céus consiste no maior e mais precioso valor que o ser humano pode encontrar em sua vida. O Livro dos Provérbios, que inspira esta parábola, diz que as preciosidades deste tesouro são sabedoria, inteligência e prudência.[12] Já o profeta Isaías vê que a riqueza deste tesouro é o temor de Deus (Is 33,6). Aquele ou aquela que encontra o Reino de Deus, de valor inestimável, imediatamente o coloca acima de tudo o que possui, sabe e espera. E guardando-o, com toda atenção e cuidado, cheio de alegria, faz tudo o que for necessário para ser possuidor do Reino dos Céus.

A parábola da pérola fina encontrada pelo mercador (Mt 13,45-46)

A mesma dinâmica da busca do essencial, já observada na parábola do tesouro, é aqui demonstrada. Um pequeno detalhe acrescenta uma grande diferença. Este é um mercador que vivia a procura de pérolas finas. Achando, um dia, aquela mais preciosa, tudo faz para adquiri-la. O diálogo continua vivo pelas novas perguntas lançadas: como procurar tais pérolas? Como conhecer seu valor? Vale a pena mesmo vender tudo? E se bater um arrependimento? E se for um mau negócio? A força de persuasão teológica é idêntica à da parábola do tesouro. Achando tal pérola é impossível não fazer tudo a fim de adquiri-la.

O Reino dos Céus, na parábola da pérola encontrada pelo mercador, refere-se à maior de todas as preciosidades que uma pessoa já há muito procurava e agora, finalmente, encontrou em Jesus Cristo. No livro de Jó, esta pérola de valor incalculável, mais valiosa que ouro e prata, que ônix e safiras, que coral e cristal, refere-se à preciosa pérola da sabedoria. Aquele que procurava o Reino dos Céus e o encontra em Jesus Cristo, imediatamente vende o que tem, isto é, muda sua mentalidade e seu coração, para poder adquirir esta pérola única.

---

[12] Cf. Pr 2,4; 3,14; 8,18.

A parábola da rede lançada ao mar (Mt 13,47-50)

A última parábola do sermão (Mt 13), como se poderia esperar, acrescenta à perspectiva da busca do essencial a escolha derradeira e o juízo definitivo. Há, assim, uma série de modelos a forçarem a mudança de comportamento:

- Como a Pedro, André, Tiago e João (Mt 4,16-20), ao ouvinte/leitor é feito o convite de lançar a rede ao mar.
- Como aos doze discípulos de Jesus (Mt 19,28), o ouvinte/leitor poderá, no final da pesca, selecionar os peixes bons para a vasilha e descartar os peixes ruins.
- O leitor/ouvinte deve ser peixe bom para o Reino.

Novas perguntas conduzem o diálogo: que rede é essa que está lançada? São profissionais estes pescadores? Eles sabem selecionar devida e corretamente os peixes bons, descartando os ruins? A força de persuasão se impõe pelo contexto escatológico-apocalíptico. Como o trigo é recolhido nos celeiros (Mt 13,30d), os peixes bons vão para os cestos. O joio e os peixes ruins vão para a fornalha (Mt 13,30c). A busca e a escolha pelo essencial, o Reino de Deus, determina o destino no final dos tempos.

Na parábola da rede lançada ao mar, o Reino dos Céus vem descrito em sua perspectiva final, escatológica. O Reino dos Céus é um convite lançado a todas as nações e a todas as pessoas. Assim como a semente foi semeada em todos os terrenos, a rede lançada ao mar apanha todo tipo de peixe. Mas, no dia final, será recolhido o fruto produzido, isto é, o trigo, não o joio. O trigo e os bons peixes recolhidos são aqueles que cumpriram o mandamento do amor, servindo aos "irmãos mais pequeninos de Jesus" (Mt 25,40).

O ensinamento das sete parábolas do Reino dos Céus

As sete parábolas do Reino dos Céus agrupadas por Mateus, no terceiro discurso de Jesus (Mt 13), nos oferecem um panorama surpreendente e fascinante do Reino. Mateus compõe, em dez paisagens sugestivas, a seguinte visão do Reino dos Céus:

1. "Saiu o semeador a semear" (Mt 13,4a). O Reino dos Céus está ao alcance de todos.

2. "Até que toda a massa ficasse fermentada" (Mt 13,33c). O Reino dos Céus cresce pouco a pouco e constantemente.

3. "Uma semente produziu cem, outra sessenta, outra trinta" (Mt 13,8b). O Reino dos Céus produz fé, esperança, justiça, amor no coração da humanidade.

4. "Embora seja a semente de mostarda a menor de todas as sementes, quando cresce..." (Mt 13,32). O Reino dos Céus acontece a partir dos pobres e humildes. Inicia-se com os gestos menores e mais simples. Os pequeninos e pobres são as sementes do Reino.

5. "O Reino dos Céus é semelhante a um tesouro escondido no campo" (Mt 13,44a). O Reino dos Céus parece invisível, escondido, mas está sempre presente e atuante.

6. "E o homem fica cheio de alegria" (Mt 13,44b). O Reino dos Céus comunica, imediatamente, imensa alegria àquele que o encontra.

7. "O mercador vende tudo o que possui" (Mt 13,46b). O Reino dos Céus é o maior valor que uma pessoa pode possuir. Nada aqui na terra pode comparar à sua preciosidade, bondade e beleza.

8. "Para que não aconteça que, ao arrancar o joio, com ele arranqueis também algum trigo" (Mt 13,29). O Reino dos Céus está sob os cuidados, e sob o governo do Pai dos Céus, para que assim nenhum fruto produzido se perca.

9. "Os anjos separarão os maus dentre os justos" (Mt 13,49b). O Reino dos Céus se instaurará plenamente, quando o Pai dos Céus reunir os justos na sua casa (o seu celeiro).

10. "Os malvados serão lançados na fornalha ardente" (Mt 13,50). O Reino dos Céus irá se instaurar plenamente com o fim de toda maldade, inveja, hipocrisia, injustiça, cobiça, ódio e guerra.

6
Os discípulos e as discípulas de Jesus Cristo no Evangelho de Mateus

O Mestre Jesus da Galileia formou seu grupo de discípulos e discípulas à luz das Escrituras Sagradas e das experiências concretas do dia a dia, pelas estradas da Galileia. Preparou, assim, sua primeira comunidade para viver radicalmente o mandamento do amor a Deus e ao próximo. Como sementes do Reino dos Céus, os discípulos e discípulas de Jesus produzem, no mundo, frutos de misericórdia, justiça e amor; praticando a essência da Lei de Moisés.

No Evangelho de Mateus, Jesus profere dois discursos específicos a fim de orientar os discípulos missionários (Mt 10–12; 18) para a tarefa que irão desempenhar em seu nome. Nessas instruções, Jesus confere uma identidade; orienta como devem desempenhar o trabalho; alerta para os muitos perigos; insiste nas prioridades; indica o que não devem fazer; oferece modelos a serem seguidos; sustenta-os com suas promessas.

Quem são os discípulos e discípulas de Jesus?

O Evangelho de Mateus tece a identidade dos discípulos de Jesus, dentro de um pequeno grupo que Mateus chama de "os doze discípulos"[1] que se tornaram companheiros do Mestre.

---
[1] Cf. Mt 10,1-5; 11,1; 20,17; 26,14.20; 28,16 (nesta última citação, os onze).

Alguns de outros diferentes grupos de discípulos são nomeados, em momentos significativos, como:

- *Pedro, André, Tiago e João* – os primeiros chamados pelo Mestre (Mt 4,18-22).

- *Pedro, Tiago e João* – escolhidos pelo Mestre, como testemunhas da transfiguração (Mt 17,1-8) e como companheiros de vigília no Getsêmani (Mt 26,36-46).

- *Dois discípulos anônimos* são mandados para buscarem a jumenta e o jumentinho antes da entrada de Jesus em Jerusalém (Mt 21,1-11).

- *O pedido da mãe de Tiago e João*, os filhos de Zebedeu (Mt 20,20-23).

- *O grupo dos Onze* após a morte e ressurreição de Jesus (Mt 28,16).

- *Alguns do grupo dos Doze são mencionados* sozinhos, especialmente Pedro.[2] Mas também Judas aparece agindo sozinho.[3] Ainda são citados individualmente: Mateus, na bela narração de sua vocação (Mt 9,9-13); um escriba anônimo que se torna discípulo (Mt 13,51-52);[4] José de Arimateia, um rico que se tornará discípulo (Mt 27,57), e o discípulo anônimo que feriu o servo do sumo sacerdote, na hora da prisão de Jesus (Mt 26,51-54).

- *O grupo das mulheres* é citado no contexto da paixão do Senhor. Elas seguem Jesus "desde a Galileia" (Mt 27,55-56). Dentre o grupo de mulheres, Maria Madalena e a

---

[2] Cf. Mt 8,14; 16,13-20; 17,24-27; 18,21-22; 19,17-30; 26,30-35.69-75.
[3] Cf. Mt 26,14.20-25.47-50; 27,3-9.
[4] Levanta-se a possibilidade de que este *escriba cristão* seja uma possível assinatura do próprio autor do Evangelho de Mateus.

outra Maria são referidas nominalmente, três vezes em Mt 27,55-56.61 e 28,1.

Na absoluta maioria das vezes, o grupo de seguidores de Jesus é chamado simplesmente de "discípulos".[5] Os doze são chamados de "apóstolos" apenas em Mt 10,2.

Em duas ocasiões, Jesus chama os seus discípulos de "irmãos". Em Mt 12,49-50, na expressiva cena em que a mãe e os irmãos de Jesus o procuram. Neste momento, ele disse: "Aqui estão a minha mãe e os meus irmãos (apontando para os que estavam ao redor dele), porque aquele que fizer a vontade de meu Pai que está nos céus, esse é meu irmão, irmã e mãe". A outra ocasião foi após a sua ressurreição, quando Jesus deu esta ordem a Maria Madalena e à outra Maria: "Não temais! Ide anunciar a meus irmãos que se dirijam para a Galileia, lá me verão" (Mt 28,10).

A Judas, na hora da traição (Mt 26,50), Jesus chama de "amigo, companheiro". O termo grego utilizado é *hetaîre*.[6] Este mesmo vocativo aparece em duas parábolas de Mateus. Na parábola dos trabalhadores contratados para a vinha nas várias horas da jornada de trabalho, o vocativo "amigo" refere-se ao trabalhador que reclamou de seu salário, chamando o patrão de injusto (Mt 20,13-15). E na parábola dos convidados para as bodas, o vocativo "amigo" chama a atenção daquele que entrou na festa sem a roupa nupcial (Mt 22,11-14).

---

[5] Cf. Mt 5,1; 8,23; 9,19; 12,1-2; 13,10.36; 15,2.12.23; 16,5; 17,6.10.13.19; 18,1; 19,10.25; 21,6.20; 24,1.3; 26,8.17.19.56; 27,64; 28,13.

[6] Na LXX, com este mesmo termo, são chamados os dignitários que comem à mesa de Baltasar (Dn 5,12); nomeia ainda o companheiro de Sansão que o trai e casa-se com aquela que deveria ser a sua esposa (Jz 14,20); é também o título dado a Jonadab, que planejou o crime que Amnon cometeu contra sua irmã (2Sm 13,3); mas, sobretudo, é o apelativo, três vezes repetido, dado a Cusai, traidor de Davi (2Sm 15,32.37; 16,16).

A identidade dos discípulos e discípulas de Jesus

No Discurso da Missão (Mt 10–12) e no Discurso da Comunidade ou Discurso do Perdão (Mt 18), Mateus oferece sete elementos essenciais, do perfil espiritual e pastoral dos discípulos e discípulas de Jesus:

1. São chamados pelo nome (Mt 10,2-5).
2. Recebem o nome de apóstolos (enviados) (Mt 10,5).
3. Recebem a autoridade de Jesus (Mt 10,1).
4. São do grupo dos pequeninos (Mt 11,25-26).
5. Recebem a revelação do Pai (Mt 11,27).
6. Jesus lhes dá o seu descanso (Mt 11,28).
7. São declarados família de Jesus (Mt 12,49-50).

Os setes elementos que compõem o perfil do discípulo missionário, no Evangelho de Mateus, são de grande significado e atualidade. Os doze discípulos chamados uma segunda vez (Mt 10,1) recebem o nome de *apóstolos* (Mt 10,2). Eles são enviados para uma missão especial, após terem acolhido o segredo do Reino dos Céus (Mt 5–7; 13) e recebido recomendações próprias para o encaminhamento da missão.

Mateus fornece ao seu leitor três imagens de grande alcance, do serviço a ser desempenhado pelos apóstolos. Os apóstolos são enviados como os trabalhadores da vinha, contratados para a colheita ao longo das várias horas da jornada de trabalho (Mt 20,1-16). O esforço de todos, alguns durante toda a jornada e alguns nas últimas horas, garantirá a colheita de todos os frutos e que nada se perca por falta de operários.

Os apóstolos também são enviados como os servos do dono da vinha, encarregados pela cobrança, no tempo devido, da parte da colheita que cabia ao patrão, como pagamento do aluguel (Mt 21,33-46). No desempenho desta tarefa, muitos dos servos foram espancados, castigados e até assassinados (Mt 21,35.36), como aliás Jesus já os havia prevenido (Mt 5,11-12). Os apóstolos são ainda comparados aos servos aos quais o senhor encarregou de chamar os convidados para comer do seu esplêndido banquete (Mt 22,1-14). Os convidados, além de não terem dado atenção ao convite, inventaram desculpas, maltrataram e mataram os servos encarregados do convite (Mt 22,6).[7]

A identidade nova de cada um dos discípulos, que forma o número dos doze, é determinada pelo *nome próprio*, guardado pela tradição com sobrenomes e apelidos,[8] e pela *autoridade* de Jesus conferida aos Doze Apóstolos. A autoridade de Jesus se manifesta, em primeiro lugar, na forma como ele ensina (Mt 7,29).

Como deve ser a missão dos discípulos e discípulas de Jesus?

A função dos discursos da missão e da vida da comunidade (Mt 10–12 e Mt 18) consiste em oferecer aos discípulos e às discípulas todas as instruções para desempenharem a sua tarefa de acordo com a vontade de Jesus, seguindo sua determinação. Quais são estas orientações principais?

---

[7] "Em três casos, a sinagoga é mencionada apenas de forma banal (Mt 6,2.5; 23,6). Nos outros seis (Mt 4,23; 9,35; 10,17; 12,9; 13,54; 23,34), as sinagogas são chamadas sinagogas 'deles', o que sugere que essas assembleias são hostis a Jesus e ao grupo mateano." SALDARINI, op. cit., p. 117.

[8] A tradição da lista dos Doze Apóstolos está nos Evangelhos Sinóticos e em Atos dos Apóstolos (Mc 3,16-19; Mt 10,2-4; Lc 6,13-16; At 1,13-14). Deve ser sinal desta mesma tradição a pequena lista encontrada nas cartas de Paulo (Gl 1,17; 2,6.9-10). Da mesma forma, o relato dos cinco primeiros discípulos de Jesus no Evangelho de João: André e um outro (João); Pedro; Filipe e Natanael.

- Proclamar o Reino dos Céus (Mt 10,7).
- Curar de graça todos os doentes (Mt 10,8).
- Não levar dinheiro e aceitar a hospedagem de pessoas dignas (Mt 10,9).
- Permanecer hospedado na mesma casa e dar a esta família a paz (Mt 10,11-12).
- Tomar a sua cruz e seguir Jesus (Mt 10,38).
- Ser discípulo manso e humilde, como Jesus (Mt 11,29-30).
- Perdoar sempre (Mt 18,21-22).
- Ser um escravo de todos (Mt 20,25-27).
- As mulheres devem anunciar (Mt 28,10).
- Os discípulos devem "fazer discípulos", batizar e ensinar (Mt 28,19-20a).

Jesus compõe em suas determinações um modelo evangélico de discípulo e discípula. Seus traços fundamentais, refletindo a própria fisionomia do Mestre, são a humildade, o despojamento, o perdão e o serviço. A coluna fundamental que sustenta a postura do discipulado no mundo é o seguimento de Jesus em seu caminho de cruz. Assim, esses enviados e enviadas do Senhor chegam a todos os doentes, abandonados, esquecidos, excluídos, perdidos, a toda uma multidão da qual Jesus mesmo tem compaixão (Mt 14,14; 15,32).

As perseguições sofridas pelos discípulos missionários de Jesus

Os discípulos missionários e as discípulas missionárias de Jesus sabem, desde o primeiro momento, que sua missão consiste em carregar a cruz do seu Senhor. Como Jesus é o servo sofredor e solidário com toda dor da humanidade, os discípulos não podem ser diferentes. Afinal, "o servo não pode ser maior que seu senhor" (Mt 10,24). Então, Jesus, além de prevenir quanto às muitas perseguições, orienta como se comportar diante delas. Vejamos:

- As perseguições fazem parte da missão (Mt 10,25b.34).
- Ser prudente e ser simples (Mt 10,16).
- Não ficar preocupado com o que falar nos tribunais (Mt 10,19-20).
- Fugir (Mt 10,23).
- Não ter medo (Mt 10,26.28a.31).
- Amar o Senhor acima de tudo (Mt 10,21.37).
- Superar a dispersão (traição) (Mt 26,31-32).

Todas essas instruções, para as situações concretas de perseguição, podem indicar a constante ameaça de agressão enfrentada pela comunidade de Mateus. Todo o Evangelho de Mateus está como que envolvido pela iminência concreta da morte violenta.[9] Um sinal deste clima de perseguição é a antiga oração de agradecimento dos cristãos, conservada na liturgia siro-aramaica-antioquena, que reza assim: "Permanece em paz, altar santo, e que eu volte em paz para ti. A Eucaristia, que sobre ti ofereci e de ti recebi, seja para o perdão dos meus pecados e penhor para me apresentar diante do trono de Cristo, sem confusão nem medo, pois não sei se voltarei ainda a oferecer sobre ti outro sacrifício. Senhor, guardai-me e preservai a vossa Igreja como meio para alcançar a salvação. Amém".

---

[9] Cf. Mt 2,16-18 (a matança das crianças de Belém); Mt 14,1-12 (a morte de João Batista); Mt 26,1-5 (o plano para fazer Jesus perecer violentamente).

As prioridades dos discípulos missionários de Jesus

Entre as muitas orientações e instruções de Jesus aos seus discípulos missionários e às suas discípulas missionárias, três podem ser consideradas verdadeiras prioridades de ação pastoral para a comunidade de Mateus. O que parece estranho nas prioridades, indica como a vivência da fé judaica é determinante, na identidade teológica e espiritual da comunidade:

- Buscar as ovelhas de Israel (Mt 10,5-6).
- Ser discípulo de Jesus (Mt 11,29; 28,19a).
- Não desprezar os pequeninos (Mt 18,10.14).

Permanece lançado, ao leitor de Mateus, o desafio de conciliar essas prioridades em todo o Evangelho. A quem os discípulos devem levar o convite para seguir a Jesus? Aos judeus? Aos pequeninos? Aos habitantes das nações? A primeira evidência é que os esquecidos e últimos não podem ser deixados em segundo plano. Eles ocupam a prioridade absoluta dos discípulos de Jesus. Cumprido isso, os discípulos fazem um caminho de seguimento a Jesus que, partindo da Galileia e dos judeus, deve chegar ao mundo inteiro.

Promessas de Jesus a seus discípulos e discípulas

A perseguição e a hostilidade sofridas pela pequena comunidade dos discípulos e das discípulas de Jesus, na Palestina, ofereceram a Mateus a oportunidade de colocar em relevo as promessas feitas a todos os que aderiram ao projeto de Jesus. E, do mesmo modo, em sentido oposto, Mateus elucida as ameaças contra os que impedem o anúncio do Reino dos Céus, inaugurado definitivamente com Jesus de Nazaré.

Promessas feitas aos discípulos e às discípulas

- "Quem perseverar até o fim será salvo" (Mt 10,22b).
- "Quem esquece a si mesmo, porque é meu seguidor, terá a vida verdadeira" (Mt 10,39c).
- "Vinde a mim todos os que estais cansados sob o peso do vosso fardo e vos darei descanso" (Mt 11,28).
- "Todo aquele que se declarar por mim diante dos homens, também eu me declararei por ele diante de meu Pai que está nos Céus" (Mt 10,32).
- "Tudo quanto ligardes na terra será ligado no céu e tudo quanto desligardes na terra será desligado no céu" (Mt 18,18).
- "Onde dois ou três estiverem reunidos em meu nome, ali estou eu no meio deles" (Mt 18,20).
- "Eu estou convosco todos os dias, até a consumação dos séculos" (Mt 28,20b).

Promessas feitas aos que recebem os discípulos e as discípulas de Jesus

- "Quem vos recebe, a mim me recebe, e quem me recebe, recebe o que me enviou" (Mt 10,40).
- "E quem der nem que seja um copo de água fria a um destes pequeninos por ser meu discípulo, em verdade vos digo que não perderá sua recompensa" (Mt 10,42).
- "E aquele que receber uma criança como esta por causa do meu nome, recebe a mim" (Mt 18,5).

Ameaças e castigos aos que põem obstáculos ao Reino

- "Aquele que me renegar diante dos homens, também o renegarei diante de meu Pai que estás nos Céus" (Mt 10,33).

- "Quem falar contra o Espírito Santo não será perdoado, nem nesta era, nem na outra" (12,32).

- "É melhor que entres mutilado ou manco para a vida do que, tendo duas mãos ou dois pés, seres atirado no fogo eterno" (Mt 18,8b.9b).

- "O patrão ficou encolerizado e o entregou aos verdugos, até que pagasse toda a dívida. E Jesus terminou dizendo: Eis como o meu Pai celeste agirá convosco, se cada um de vós não perdoar, de coração, ao seu irmão" (Mt 18,34-35).

O discípulo e a discípula de Jesus, no Evangelho de Mateus, identificam-se com a mansidão e a humildade de Jesus e, segundo este modelo, conduz ao discipulado pessoas de todas as nações.

Consciente de que a perseguição faz parte essencial do seguimento do Cristo, o discípulo ou a discípula jamais toma qualquer atitude por respaldo no poder humano, mas se torna como uma criança e se faz um dos pequeninos. O que sustenta o caminho é a certeza de que o Senhor não nos deixará órfãos, mas estará conosco a cada dia até o final dos tempos (Mt 28,20b).

Análise da função comunicativa de Mt 4,18-22 e 9,9

O chamado dos primeiros discípulos

O chamado e seguimento de Pedro, André, Tiago, João e Mateus (Mt 4,18-22; 9,9) oferecem um modelo narrativo para vocações bem-sucedidas.[10] Os textos destes relatos nos dão ainda a possibilidade de fazer um mergulho no oceano linguístico de Mateus. Como? Observando o encadeamento sintático do texto, o peso dos conteúdos concatenados e a função comunicativa preparada pelo evangelista. A inspiração do Espírito Santo e o diálogo fecundo com seu leitor determinaram a beleza da obra literária e a genuinidade da teologia do Evangelho de Mateus.

O contexto literário dos relatos da vocação dos cinco primeiros discípulos tem pontos em comum que chamam a atenção:

1. O ambiente da praia do lago da Galileia e a cidade de Cafarnaum (Mt 4,13; 9,9).[11]

2. A obra missionária de Jesus, que vai ensinando e curando as multidões (Mt 4,23-25; 9,2-8).

3. As reações diversas que as curas provocam (Mt 4,23-25; 9,10-13).

4. O Sermão da Montanha (Mt 5–7) ligando os relatos vocacionais.

5. A ocorrência de sumários de cura (Mt 4,23-25; 9,35-38).

O encadeamento sintático[12]

Os três relatos de vocação bem-sucedida (Mt 4,18-20.21-22; 9,9) apresentam os mesmos elementos comunicativos e

---

[10] Cf. Mt 7,18-22 e 19,16-26. Nestes textos encontramos modelos do que poderia ser chamado de vocação mal-sucedida.
[11] Cf. Mt 9,9. Mateus chama a cidade de Cafarnaum de "sua cidade", isto é, a cidade em que Jesus mora.
[12] Sintaxe é a relação de cada elemento linguístico, dentro do texto entre si (palavra com palavra).

idêntica relação dos termos linguísticos entre si,[13] como pode ser visto abaixo em sucinta descrição. Nos três relatos repetem-se formalmente os seguintes elementos:

- Jesus está caminhando às margens do mar da Galileia, indo na direção daqueles que vê e chama (Mt 4,18a.21a.; 9,1.9a).

- Jesus vê homens que são apresentados no texto sempre com seus nomes próprios: Pedro e André, que são irmãos (Mt 4,18b); Tiago e João, que são filhos de Zebedeu (Mt 4,21b); Mateus (Mt 9,9b).

- Estes cinco homens, descritos em pormenores, são vistos por Jesus enquanto desempenham seus trabalhos profissionais: lançar redes (Mt 4,18c); consertar redes (Mt 4,21c); cobrar impostos (Mt 9,9b).

- Jesus faz um chamado explícito a cada um deles: "Segui-me..." (Mt 4,19a); "e os chamou" (Mt 4,21d); "segue-me" (Mt 9,9c).

- Os cinco homens seguem Jesus, sempre deixando alguma coisa para trás (Mt 4,20.22; 9,9d).

Detalhes desse quadro comparativo comprovam a consistência do modelo literário de vocação bem-sucedida:

- Jesus está sempre caminhando pela praia do lago de Genesaré, em Cafarnaum.

---

[13] O relato da cura da sogra de Pedro (Mt 8,14-15) recebe na narrativa de Mateus uma influência dos relatos de vocação bem-sucedida (compara com Mc 1,29-31 e Lc 4,38-39). Isto pode ser visto nas seguintes particularidades do texto de Mateus: 1. Jesus mesmo vê a sogra enferma (Mt 8,14b); 2. Ocorre o mesmo esquema vocacional: "Jesus + verbo ver + o nome de uma pessoa + certa atividade (aqui falta de atividade); 3. A ação terapêutica de Jesus a curou (Mt 8,15b); 4. A sogra de Pedro imediatamente passou a servir Jesus (Mt 8,15c); 5. Paralelo com o chamado de Mateus, descrito no capítulo seguinte (Mt 9,9), também em meio a uma série de curas realizadas por Jesus; 6. Logo após o relato da diaconia da sogra de Pedro (Mt 8,15d), ocorrem duas narrativas de vocação mal-sucedida".

- Jesus vê aquele que ele quer chamar.
- Toda iniciativa é de Jesus.
- Todos são chamados pelos seus nomes próprios, e laços familiares são mencionados.
- Detalhes do dia a dia dos pescadores e dos cobradores de impostos são bem mencionados.
- Os cinco chamados respondem prontamente, não formulando pergunta, dúvida, algum contratempo ou um senão.
- As próprias palavras de Jesus, na hora do chamado, são reproduzidas.
- Vem sempre referido, de modo claro ou implícito, aquilo que deve ser deixado pelos que são chamados (rede, pai, barco, lugar da cobrança de impostos, dinheiro).
- A resposta de todos os cinco é imediata.
- A ocorrência do verbo "seguir" (*akôluthéo*).

O conteúdo semântico[14]

O primoroso encadeamento sintático revela um peso de conteúdos, de profunda densidade comunicativa e grande alcance teológico. A iniciativa de Jesus é descrita por meio de dois verbos muito importantes: "Jesus viu..." (Mt 4,18.21; 9,9) e "Jesus chamou..." (Mt 4,19.21; 9,9). O chamado de Jesus é descrito nos relatos da vocação de Pedro, André e Mateus com a reprodução das próprias palavras de Jesus, sempre iniciando

---

[14] Semântica é o estudo sobre a relação entre os elementos linguísticos (palavras) com os seres (coisas, sentimentos, ações) aos quais se refere. "Ora, essa unidade objetiva, que fundamenta a unidade de significação das palavras, recebe em Aristóteles o nome de essência (*ousia*) ou aquilo que é (*tó ti esti*)" (OLIVEIRA, M. A. de. *Reviravolta linguístico-pragmática na filosofia contemporânea*. São Paulo: Loyola, 1996. p. 31).

com o verbo "ver, seguir". As respostas dos chamados por Jesus são descritas pelo verbo teológico "seguir como discípulo" (*akóluthéo*). No ato das respostas, um particípio descreve a ação imediata e necessária de "deixar" alguma coisa, executada pelos que são chamados. Vejamos o peso teológico destes elementos semânticos devidamente acentuados.

Jesus viu

A ocorrência do verbo "ver" no passado, quando Jesus é o sujeito, recebe de Mateus um sentido vocacional. Aqueles que são vistos por Jesus são os seus escolhidos, e devem, necessariamente, segui-lo. Assim acontece com Pedro, André, Tiago, João e Mateus. Eles são vistos por Jesus que, andando pela praia, os observa enquanto trabalhavam. De igual modo, a sogra de Pedro foi vista por Jesus e, tendo sido curada, põe-se imediatamente a servi-lo (Mt 8,15). E, ainda, a multidão que procurava Jesus é também vista por ele. A essa multidão, Jesus, após ter curado os doentes, ordena seus discípulos a preparar alimento (Mt 14,14-16). Em duas parábolas, o principal protagonista é descrito por Mateus como aquele que "viu". Ambos representam Jesus que chama e confirma a vocação dos que ele escolheu. São eles o dono da vinha, aquele que "às nove horas saiu e viu alguns homens ainda sem trabalho" (Mt 20,3), e o rei que, indo ver os seus convidados, observa que um deles não está com roupa adequada (Mt 22,11).

Por fim, a própria vocação e missão de Jesus se revelam e tomam seu rumo definitivo, quando ele, sendo batizado, vê o Espírito de Deus (Mt 3,16). Todos estes textos jogam luzes sobre o ato do "olhar de Jesus". Quando Mateus afirma "Jesus viu" significa que a dinâmica do Reino de Deus chegou para aqueles que ele olhou e escolheu. Como o Reino de Deus chegou plenamente em Jesus, a cuidadosa descrição daqueles, que Jesus vê, prepara a pronta resposta da parte deles e a imediata dedicação ao Mestre e Senhor.[15] Aos que Jesus olhou, isto é, escolheu, deu-lhes a força suficiente para responderem, deixando amarras da vida anterior e seguindo-o prontamente.[16]

Jesus chamou, dizendo: "Vinde após mim"

Dentre os muitos pescadores do lago de Genesaré, Jesus viu apenas Pedro, André, Tiago e João, e imediatamente os chamou.[17] Assim também, se dá no chamado de Mateus. Do meio do possível fervorinho de gente na praça de comércio de Cafarnaum, Jesus viu Mateus e o chamou. E ele o seguiu no mesmo instante.

Mateus fala da ação de Jesus de "escolher-convocar", utilizando-se de duas formas principais: o termo teológico "Jesus chamou" (*ekkalésen*) ou uma palavra de convite emitida por Jesus mesmo, como, por exemplo, a mais conhecida delas: "Vem e segue-me" (Mt 19,21).[18]

Quando Jesus é o sujeito de "chamar", o verbo refere-se à sua missão de convocar os eleitos para participarem do Reino dos Céus. Sendo assim, Pedro, André, Tiago e João são os primeiros *chamados* por Jesus a se tornarem mensageiros da convocação do Reino dos Céus (Mt 4,21). Em Mt 10,1, todos os doze discípulos são chamados nominalmente por Jesus, para a missão. Para os que estavam incomodados com o chamado de Mateus, Jesus afirma: "Eu não vim *chamar* os justos, mas os pecadores" (Mt 9,13). O mesmo verbo tem uma única vez a

---

[15] Cf. Mt 8,15. "Jesus tocou na mão dela, e a febre saiu dela. Então ela se levantou e começou a cuidar dele".

[16] Cf. Mt 8,18-22 (alguns que querem seguir Jesus); 19,16-30 (o moço rico) são exemplos de vocações mal-sucedidas. Mateus (e nem Marcos) diz que "Jesus viu" estas pessoas.

[17] No chamado de Tiago e João, em Mc 1,20a, o evangelista ressalta que, ao vê-los, Jesus imediatamente os chama. Mateus reserva o advérbio "logo, imediatamente" somente para acentuar a presteza da resposta: deixando seus afazeres, instrumentos de trabalho, pai, e seguindo Jesus (Mt 4,20.21). O texto de Mateus (Mt 4,18-22) é mais equilibrado sintaticamente.

[18] Cf. Mt 4,19 (palavra de Jesus a Pedro e André); cf. Mt 9,9c (palavra de Jesus a Mateus).

Deus como sujeito. Trata-se da citação do profeta Oseias: "Eu chamei meu filho, que estava no Egito" (Mt 2,15).[19]

Como Jesus chama os seus seguidores e seguidoras para fazerem outros discípulos, também o Pai chama seu Filho, para a missão reservada a ele. Assim, tanto a vocação de Jesus, como também a de todos os apóstolos e da Igreja, pode ser abraçada pela ação divina de chamar, escolher, preparar e enviar pessoas e grupos para anunciarem o Reino dos Céus. Toda a comunidade de discípulos, a Igreja (*ekklesia*), é escolhida e convocada a participar do Reino. Por isso, as parábolas escatológicas de Mateus recorrem, abundantemente, ao uso teológico do verbo "chamar".[20]

No relato da vocação de Pedro e André, o chamado de Jesus ganha palavras especiais: "Segui-me e eu farei de vós pescadores de homens" (Mt 4,19). Também a Mateus, Jesus dirige um convite direto: "Segue-me" (Mt 9,9c). Uma convocação similar ocorre no chamado de Jesus ao "homem rico", aquele que veio lhe perguntar sobre o que fazer de bom para ganhar a vida eterna (Mt 19,16). A ele Jesus disse: "Se queres ser perfeito, vai, vende o que possuis e dá aos pobres, e terás um tesouro nos céus" (Mt 19,21). Evidentemente, este último chamado difere totalmente dos anteriores. Mesmo que traga uma palavra de chamado muito mais extensa que a dos dois anteriores, acentua a dificuldade daquele piedoso homem em seguir Jesus. Nos relatos de vocação bem-sucedida, o chamado de Jesus é direto e sem explicações. Assim, também a resposta dos que são chamados é imediata, não apresentando nenhum questionamento ou qualquer dificuldade. O significado teológico da vocação confere ao escolhido uma riqueza absolutamente

---

[19] "Quando Israel era menino, eu o amei, e do Egito chamei meu filho" (Os 11,1bc).
[20] Cf. Mt 20,1.4.8 (os trabalhadores da vinha); Mt 22,3.4.8 (a festa de casamento); Mt 25,6 (as dez virgens); 25,14 (os três empregados).

incomparável ao trabalho, à profissão, aos laços familiares, às riquezas. Como nos diz Jesus no Sermão da Montanha: "Buscai, em primeiro lugar, seu Reino e sua justiça, e todas essas coisas vos serão acrescentadas" (Mt 6,33).

Os discípulos deixando imediatamente as redes...

Aquilo que impediu o "homem rico" de seguir Jesus (Mt 19,22) não foi impedimento nos relatos das vocações bem-sucedidas de Pedro, André, João, Tiago e Mateus (Mt, 4,18-22; 9,9). Para eles está claro que devem deixar algumas coisas, e que, mesmo se naturalmente isto implicasse certa violência, tal dificuldade não se lhes apresenta de nenhum modo. Pedro e André, vistos por Jesus lançando as redes, descobrem, ao se sentirem olhados, que Jesus requer deles a primazia em suas vidas. João e Tiago, vistos por Jesus com o pai no barco, descobrem que barco e pai também não poderão mais ocupar o centro de suas vidas. E o mesmo se dá com Mateus: de um salto, ele deixa seu trabalho e suas rendas, lícitas ou não, e vai com Jesus.

Mateus descreve esta ação imediata e pronta de seguir Jesus, sem pensar no que fica para trás, com o verbo "deixar" (*afêntes*). Este é um verbo muito comum, podendo significar desde o despedir de um lugar ou de uma pessoa (Mt 24,40) até o sentido mais teológico de "perdoar" (Mt 6,12). Nos relatos de vocação bem-sucedida, aparece o verbo "deixar"; e naqueles de vocação mal-sucedida, o deixar aquilo que é necessário não é possível (Mt 8,22; 19,22). "Deixar", pois, refere-se à exigência a quem é chamado a abrir imediatamente, em seu interior e em sua vida, um espaço novo, deixando o que parecia ser indispensável à sua existência. Sem dúvida, Pedro e André voltaram muitas vezes ao mar para pescar (Mt 17,27); e Mateus continuava ligado ainda aos colegas de profissão (Mt 9,9-13). Mas nunca mais serão os pescadores profissionais e o cobrador de impostos comprometido com os interesses do Império Romano, depois que foram vistos, escolhidos e chamados por Jesus. A vida nova e a luz do Reino dos Céus, visível em Jesus, revelam aos vocacionados a misteriosa eleição de Deus, diante da qual possíveis caprichos ou dificuldades humanas simplesmente não podem mais aparecer e já não fazem sentido algum (Mt 4,17).

Seguir como discípulo – Tornar-se seguidor

Mateus teve o cuidado de utilizar o verbo "seguir como discípulo" (*akôloutéo*) em cada um dos três relatos de vocação bem-sucedida[21] e também nos três relatos de vocação mal-sucedida.[22] Nos relatos em que o seguimento não acontece, o verbo não aparece jamais no pretérito perfeito (*aoristo*). Assim, no relato do mestre da Lei que quer seguir Jesus (Mt 8,18-20), o verbo está no futuro, indicando que alguma condição deve ser preenchida, para que o seguimento se dê. Isto já indica o fracasso da vocação. No outro discípulo que também quer seguir Jesus, mas tem problemas com o enterro do pai (Mt 8,21-22), Jesus reforça que nada pode colocar-se entre o chamado e a resposta, nem mesmo a morte do pai. Neste caso, o verbo seguir é usado no imperativo, no interno de um dito muito duro de Jesus: "Segue-me e deixa que os mortos sepultem os seus mortos" (Mt 8,22). O mesmo modelo "imperativo acrescido da condição a ser realizada para o seguimento" (imperativo + condição) ocorre no relato do chamado do homem rico (Mt 19,16-22).

O tempo verbal, típico dos verdadeiros relatos de vocação, para o verbo "seguir como discípulo" é o pretérito perfeito (*aoristo*). Os relatos das vocações de Pedro, André, Tiago,

---

[21] Relatos de vocação bem-sucedida: Mt 4,18-20 (Pedro e André); Mt 4,21-22 (Tiago e João); Mt 9,9 (Mateus).

[22] Relatos de vocação mal-sucedida: Mt 8,18-20 (um mestre da Lei); Mt 8,21-22 (um outro discípulo); Mt 19,16-22 (o homem rico).

João e Mateus são concluídos sempre do mesmo modo: "eles seguiram Jesus".[23] Há, no entanto, muitos outros seguimentos descritos no Evangelho de Mateus. Normalmente, quem segue Jesus é a multidão de doentes, famintos e estropiados à espera de algum benefício.[24] Também em dois relatos de curas de cegos, eles seguem a Jesus.[25]

O conceito teológico de "seguir como discípulo" é amplamente tratado por Mateus, no Discurso da Missão (Mt 10–11). Jesus estabelece um claro critério para o seu seguimento: "Quem ama seu pai ou sua mãe mais do que ama a mim, não merece ser meu seguidor. Quem ama seu filho ou sua filha mais do que ama a mim não merece ser meu seguidor. Não serve para ser meu seguidor quem não estiver pronto para morrer como eu vou morrer, e me acompanhar" (Mt 10,37-38). Assim, a narrativa do seguimento de Jesus como discípulo seu requer o seguinte:

- Iniciativa do chamado exclusivo de Jesus.
- Chamado de Jesus explicitado diretamente, quase sempre com uma palavra dele mesmo.
- Resposta pronta dos que são chamados, deixando imediatamente aquilo que mais caracterizava a situação anterior de suas vidas.
- E como consequência de todos estes passos, o seguimento de Jesus como discípulos seus.

Nas vocações bem-sucedidas, são relatados os nomes próprios daqueles que são chamados. Assim, conhecemos os nomes dos cinco primeiros discípulos: Pedro, André, Tiago,

---

[23] Cf. Mt 4,20.22; 9,9d.
[24] Cf. Mt 8,1; 12,15; 14,13; 19,2; 20,29.
[25] Em Mt 9,27-31, os cegos seguem Jesus, antes de serem curados. Neste sentido, são como a multidão carente.
Em Mt 20,29-34, os cegos seguem Jesus após serem curados. Esta ocorrência do verbo "seguir Jesus" está influenciada pelo sentido teológico-vocacional.

João e Mateus; e também os nomes de todos os doze discípulos, chamados de apóstolos (Mt 10,1-4). Neste mesmo sentido, Mateus considera o grupo das mulheres discípulas de Jesus, da mesma forma como vê os homens, mesmo que não tenha relatado seus chamados.

O conciso relato do seguimento das mulheres está revestido de dramaticidade e de profecia, porque vem incrustado na narrativa da paixão. Vejamos com atenção o que diz Mateus: "Estavam ali muitas mulheres, olhando de longe. Haviam acompanhado Jesus desde a Galileia, a servi-lo. Entre elas, Maria Madalena, Maria, mãe de Tiago e de José, e a mãe dos filhos de Zebedeu" (Mt 27,55-56).

Podem ser traçadas muitas linhas de contato entre esse texto da constatação do seguimento das mulheres e os relatos de vocação bem-sucedida, em Mateus.

- *Os nomes próprios.* Como nomes de Pedro, André, Tiago e Mateus aparecem com muitas especificações, também as mulheres são cuidadosamente especificadas: Maria Madalena; Maria, mãe de Tiago e de José;[26] a mãe dos filhos de Zebedeu.[27]

- *O verbo "seguir como discípulo"* (*akôloutéo*). O texto afirma que elas são seguidoras de Jesus desde a Galileia. Diante da chegada do Reino dos Céus, também elas não duvidaram em deixar para trás cidades, famílias, posses, a fim de seguirem Jesus.

- *A missão de servir Jesus* (*diakonéo*). Assim como a sogra de Pedro que, sendo curada, imediatamente, se põe a serviço de Jesus, também as mulheres desde a Galileia estão a serviço dele (Mt 27,55c).

---

[26] Tiago e José podem ser os mesmos que são chamados de irmãos de Jesus, em Mt 13,55.

[27] O pai Zebedeu está citado no relato da vocação dos seus dois filhos (Mt 4,21-22). A mãe dos filhos de Zebedeu, Tiago e João, está citada também no episódio em que ela pede o primeiro e o segundo lugar no Reino para seus filhos (Mt 20,20-23).

- *A referência a Zebedeu*. Zebedeu aparece tanto no relato da vocação dos quatro primeiros discípulos (Mt 4,18-22) como no rápido sumário de constatação da autêntica vocação das mulheres (Mt 27,56c).

- *Os discípulos estão presentes no início da missão de Jesus e, as mulheres, no seu final*. As mulheres estão acompanhando de longe a entrega de Jesus na cruz (Mt 27,55a). Maria Madalena e a outra Maria vão no domingo, bem cedo, ao sepulcro (Mt 28,1). Elas recebem o anúncio da ressurreição em primeira mão (Mt 28,5-6). E recebem a missão de fazer este anúncio aos discípulos (Mt 28,7).

- *Elas foram apressadamente cumprir a missão de anunciar com toda alegria* (Mt 28,8). Nos relatos das vocações dos primeiros discípulos, também eles abraçaram alegremente o convite de Jesus.[28]

- *O próprio Jesus ressuscitado vai ao encontro das mulheres e confirma a missão de anunciar a ressurreição aos discípulos* (Mt 28,9-10). Ir ao encontro das mulheres pode corresponder ao ato de Jesus caminhando pela praia de Cafarnaum, vendo e chamando Pedro, André, Tiago, João e Mateus (Mt 4,18-22; 9,9).

A função comunicativa do texto (pragmática)[29]

Responder a quatro perguntas pode nos ajudar a focalizar a função comunicativa dos relatos de vocação bem-sucedida em Mateus (Mt 4,18-20.21-22; 9,9).

1. Com que estratégias comunicativas Mateus toca seu leitor?

---

[28] O homem rico (Mt 19,16-30), não podendo responder sim ao chamado de Jesus, foi embora muito triste (Mt 19,22).

[29] A Pragmática estuda a relação do texto com aqueles que se utilizam deles, isto é, os seus leitores.

2. Que atos comunicativos são cobrados do leitor de Mateus, para que sua ação seja conforme as orientações do texto?

3. Que pontos de identificação são oferecidos ao leitor, para que possa realizar o que o texto indica?

4. Que leitor, previsto por Mateus, pode executar o modelo de ação presente no seu texto?

As respostas a estas perguntas de ordem pragmática serão indicadas, a seguir, pela elaboração de um modelo de ação global presente no relato da vocação dos quatro primeiros discípulos.

- *Contexto do chamado dos quatro primeiros discípulos* (Mt 4,18-22).[30] O leitor de Mateus já foi devidamente informado sobre Jesus, a fim de que possa identificar-se com Pedro, André, Tiago e João. A ele, Mateus, ofereceu testemunhos de grande peso, sobre a pessoa e a missão de Jesus de Nazaré: Jesus é filho de Abraão e de Davi (Mt 1,1-17); o nascimento e a infância de Jesus são explicados com profecias messiânicas (Mt 1,22; 2,5.15.23); Jesus venceu o diabo com a força das Palavras das Escrituras (Mt 4,1-11); Jesus veio trazer, de forma definitiva, o Reino dos Céus (Mt 4,17); Jesus recebe o testemunho de João Batista (Mt 3,3); Jesus recebe o testemunho do Pai e do Espírito Santo (Mt 3,16-17). Diante de uma "abertura" (Mt 1–4,17) teologicamente primorosa e tão repleta de solenidade, o leitor de Mateus fica à espera de grandes novidades e se prepara para acolhê-las com alegrias e coração desarmado.

- *O texto do chamado dos quatro primeiros discípulos* (Mt 4,18-22). Diante das ações de Jesus, o leitor/ouvinte

---

[30] O contexto do mesmo relato em Marcos (Mc 1,16-20) é completamente diferente. Mateus parece buscar resolver alguns problemas que Marcos deixava em aberto.

se pergunta sobre os significados dos silêncios e dos gestos de Jesus. A narrativa coloca o leitor em contato com as seguintes ações de Jesus, em profundo silêncio: caminhar na praia (Mt 4,18a.21a); ver Pedro, André, Tiago e João (Mt 4,18b.21b).

- *A narrativa de Mateus continua* (contexto subsequente ao chamado dos quatro primeiros discípulos (Mt 4,23–7,27).

Escolhidos – Chamados – Enviados

O sentido teológico e espiritual do chamado de Jesus, aos seus discípulos e discípulas, marca todos os grandes personagens do Evangelho de Mateus. Cada pessoa, confrontada pelo chamado de Deus, é desafiada a dar uma resposta pronta e genuína ao seu apelo. Tal resposta faz com que ela cumpra, livre e fielmente, a missão recebida. Esta dinâmica espiritual gerou um esquema literário que inclui sempre os seguintes elementos:

- Escolha de Deus e chamado explícito.
- Resposta da pessoa, chamada a uma imediata adaptação de sua vida às exigências da resposta.
- Adequação à vontade de Deus, por meio do seguimento e da missão.

Todos os grandes personagens do Evangelho de Mateus cumprem de algum modo este esquema fundamental de encontro com Deus e resposta ao chamado. Assim, Mateus abre e fecha o seu Evangelho com dois discípulos, com o nome de José. Na infância de Jesus, Deus chama e conduz os passos de José de Nazaré, dando-lhe a missão de cuidar do menino e de sua mãe (Mt 1,18-25; 2,13-23). Na morte de Jesus, outro José, homem rico da cidade de Arimateia e também um dos discípulos de Jesus, recebe a missão de sepultar o corpo de Jesus (Mt 27,57-61).

Ao lado desses dois exemplos de patriarcas, Mateus oferece aos seus leitores alguns exemplos de grandes profetas, para configurar melhor o verdadeiro rosto messiânico de Jesus. Do profeta Oseias, Mateus lembra que a misericórdia está acima de qualquer sacrifício (Mt 9,13; 12,7). A imagem de Jesus, carregando nossas dores e enfermidades, foi tomada do profeta Isaías (Mt 8,17). E, quando o povo ouvia Jesus, parecia-lhes que estivesse escutando os poemas do profeta Jeremias (Mt 16,14). Todas essas profecias confluem para as narrativas de João Batista,[31] aquele discípulo que prepara os caminhos de Jesus. Ele, ao final, é preso e executado na prisão por Herodes, antecipando o que ocorrerá com Jesus. À luz destes grandes discípulos do passado, Mateus constrói um perfil do discípulo missionário, seguidor de Jesus. Somos chamados a nos identificar com este discípulo, deixando-nos moldar pelo modelo vocacional de Mateus.

---

[31] Mateus tem uma longa e completa narrativa sobre João Batista: 1. Anúncio de João Batista e batismo de Jesus (Mt 3,1-17); 2. A prisão de João Batista (Mc 6,17-29); 3. João, na prisão, ouve falar de Jesus e Jesus dá testemunho sobre João (Mt 11,2-19); 4. A morte de João Batista (Mt 14,1-12); 5. Jesus comparado a João Batista (Mt 16,14); 6. Jesus recorda-se de João Batista (Mt 21,28-46).

7
Contexto do Evangelho de Mateus

Após a destruição do Templo de Jerusalém, no ano 70 da E.C., três elementos teológicos formaram-se no fecundo terreno espiritual em que brotou o Judaísmo farisaico, nas palavras do rabino Simão, o Justo (por volta de 195 E.C.): "Por três coisas o mundo subsiste: pela Lei, pelo Templo e pela Misericórdia" (*Pirqé Abot* 1,2).[1]

A teologia de Mateus, germinando neste ambiente espiritual do Judaísmo, de certa forma, também relê estes três elementos teológicos, a saber: interpreta a *Lei* ensinada pelo Mestre Jesus da Galileia; enraíza-se na experiência religiosa dos judeus, vivida ao redor da *Torá* e do *Templo;* e testemunha a grande novidade da *presença misericordiosa do Pai,* visível no seu Filho Jesus. Neste último elemento, Jesus de Nazaré oferece, de dentro do Judaísmo, uma nova possibilidade, e congrega seus discípulos e discípulas, dizendo: "Vinde a mim todos os que estais cansados sob o peso do vosso fardo e vos darei descanso" (Mt 11,28).[2]

Mas a teologia concreta e realista, destemida e profética, profunda e poética, pessoal e comunitária tecida por Mateus,

---

[1] MAIMÔNEDES. *Comentário à Mishná*. São Paulo: Mayanot, 2000. p. 20.
[2] Mateus utiliza em seu Evangelho as quatro formas judaicas de interpretar as Sagradas Escrituras: 1. O sentido simples ou literal (*p'shat*); 2. O sentido presente em alguma palavra ou expressão do texto (*remez*); 3. O sentido alegórico ou homilético do texto (*drash* ou *midrash*); 4. O significado místico e escondido (*sod*). Cf. STERN, David H. *Comentário judaico do Novo Testamento*. São Paulo: Atos, 2008. p. 36.

também nos permite situar um retrato espiritual e social das pequenas comunidades de discípulas e discípulos missionários de Jesus, espalhadas pela Palestina, ao final do primeiro século da E.C.

Vivendo todo o contexto de guerra e de perseguição, por parte do Império Romano, Mateus declara que os filhos de Deus promovem a paz (Mt 5,9). Sofrendo terríveis violências e massacres, proclama o princípio fundamental da não violência: "Não resistais ao homem mau" (Mt 5,39). Padecendo terrível insegurança e medo de toda ordem, anuncia que não se deve preocupar com o dia de amanhã, e sim, com o Reino de Deus (Mt 6,33-34). Tentados a fazer juízos apressados e sumários, a pequena comunidade aprende de Mateus a não julgar ninguém, em nenhum momento (Mt 7,1).

Mateus, sem ter a quem recorrer, testemunha que o Pai dos Céus dá a seus filhos somente boas coisas (Mt 7,11). Diante da iminência de ter de enfrentar a violência e os tribunais, Mateus alerta os discípulos à resistência e perseverança (Mt 10,19-20). Pela experiência da morte violenta de amigos e familiares, a comunidade descobre, pela palavra de Mateus, o que se deve realmente temer (Mt 10,28). Para aqueles que esperavam o fim das perseguições, indica o carregar a cruz como a condição essencial para se tornar um discípulo ou uma discípula (Mt 16,24).

Para os que esperavam uma vingança imediata e exemplar, Mateus apresenta Jesus como o manso e humilde (Mt 11,29). Além disso, Jesus, que entra em Jerusalém montado numa jumentinha (Mt 21,6), também diz a seu afoito discípulo que guarde a sua espada (Mt 26,52). Para aqueles que não suportavam mais as perseguições e caíam no desânimo, Jesus enfrenta a morte em silêncio, depositando sua confiança somente no poder do Pai (Mt 27,46).

A literatura ex-bíblica, mais ou menos contemporânea ao texto de Mateus, mostra-nos situações e conflitos semelhantes. As emendas cristãs ao Livro da Ascensão de Isaías já imaginavam o grupo dos discípulos de Jesus, formado por poucas pessoas, vivendo um constante exodo à espera da volta definitiva do Amado:

> E quando os fiéis e os santos, em grande número ainda, virem aquele que eles esperam, aquele que foi crucificado, Jesus Cristo, nosso Senhor, quando eu, Isaías, o tiver visto após a crucificação, após sua ascensão, então só um pequeno número dentre aqueles que nele acreditarem permanecerão fiéis, e os seus servidores fugirão de deserto em deserto, aguardando a vinda do Amado. E após mil trezentos e trinta e dois dias, o Senhor virá com seus anjos e as santas hostes (exército) do sétimo céu, e precipitará na Geena de Belial e seus anjos. E dará paz e descanso àqueles que encontrar com vida na terra, aos zelosos servidores de Deus, e o sol se tingirá de vermelho (Ascensão de Isaías).[1]

Os *Oráculos Sibilinos*, livros de judeus vivendo no meio do mundo grego, anterior ao Evangelho de Mateus, também conhecem bem a situação de permanente ameaça de perseguição, em que estão mergulhados judeus e cristãos:

> E foi o que destruiu o Templo por Deus construído e perseguiu os cidadãos e todos os que estavam nele, aos quais eu, com justiça, dediquei hinos. Pois, assim que ele apareceu (Nero) toda a criação ficou atordoada e os reis pereceram. Aqueles que tomaram o poder aniquilaram a grande cidade e o seu povo justo (*Oráculos Sibilinos* V, 150-154).[2]

---

[1] Cf. PROENÇA, Eduardo (org.). *Apócrifos e pseudoepígrafos da Bíblia*. São Paulo: Fonte Editorial, 2005. p. 135.
[2] DIEZ MACHO, A. *Apócrifos del Antiguo Testamento – III*. Madrid: Ediciones Cristiandad, 1982. p. 326.

A novela "José e Asenet", escrito judaico do início do século II da E.C., atesta o mesmo ambiente da profunda espiritualidade popular, presente no Evangelho de Mateus. Diante de uma proposta de tomar as riquezas de José e ajudar na vingança do filho do faraó contra ele, Levi responde pelos 10 irmãos, o seguinte:

> Disse Levi a seu próximo, o filho do faraó, com mansidão de espírito[3] e rosto alegre: Por que, meu senhor, pronuncias tais palavras contra nós? Somos homens piedosos; nosso pai é servo do Deus Altíssimo, e José, nosso irmão, é amado de Deus. Como vamos cometer semelhante maldade, diante de Deus? Ouve-nos agora e guarda-te de pronunciar más palavras, como essas contra o nosso irmão José. Se te empenhas em tão perverso plano, aqui estão nossas espadas desembainhadas diante de ti.[4]

O mesmo ideal mateano do amor ao inimigo, capaz de aplacar todos os ódios e estabelecer as bases de uma nova convivência fraterna, pode ser observado na novela "José e Asenet". Tendo Benjamin encontrado o filho do faraó quase morto, jogado à beira da estrada, pretendeu matá-lo com a espada do próprio príncipe do Egito, mas Levi, mais uma vez advertiu dizendo:

> Irmão, não cometas semelhante ação, pois somos homens piedosos. Não fica bem que um homem devolva o mal com o mal, nem que pisoteie quem está caído, nem persiga o inimigo até à morte. Vamos! Curemos a sua ferida. Se ele chegar a viver, será nosso amigo, e seu pai, o faraó, será nosso pai.[5]

Estes textos denotam um contexto político e espiritual sobrecarregado de perseguição e resistência; de ameaça de todos os lados e reafirmação da identidade; pelo fracasso de grandes projetos do passado e esperanças renovadas no Messias;

---

[3] Cf. Mt 11,29.
[4] DIEZ MACHO, op. cit., p. 231.
[5] Ibid., p. 238.

pela necessidade de aprofundamento das tradições antigas e adaptação da herança às novas realidades. As implosões e explosões do vulcão espiritual e social, desta realidade, situam-se historicamente no final do período do Segundo Templo, mais especificamente do tempo que vai da destruição do Templo de Jerusalém[6] até o concílio dos mestres judeus, realizado em Yabneh (Jâmnia) no ano 90 E.C.

Os resultados do Concílio de Jâmnia e os primeiros escritos cristãos nasceram de uma mesma matriz espiritual e cultural que se convencionou chamar de "médio Judaísmo".[7] Alguns pilares fundamentais do "Judaísmo médio" compõem o quadro teológico e histórico necessário e suficiente para a leitura do Evangelho de Mateus.

- *Pilar hermenêutico-teológico.* O monoteísmo rígido e a fidelidade aos costumes nacionais. A Lei é interpretada com ênfase nas tradições alimentares e nas normas da impureza ritual (separação em relação aos não judeus).

- *Pilar escatológico-messiânico.* Abre-se um fosso crescente entre a Teologia da Promessa, baseada na Lei e em sua interpretação, e a Teologia da Promessa, sustentada pelas crescentes expectativas da vinda do Messias.

- *Pilar exegético-didático.* Os dois princípios fundamentais judaicos de interpretação da Bíblia, isto é, a Torá jamais perde o seu significado literal (*o peshat*). A Torá comporta 70 aspectos diferentes do significado (*o darasch*)[8]

---

[6] Jerusalém cai sob o cerco dos romanos comandado por Tito, filho do imperador Vespasiano, em agosto de 70 E.C., após cinco meses de cerco.

[7] "O termo "Judaísmo médio" evita a ideia de que o Judaísmo chegou a seu fim com o advento do Cristianismo ou a tentação de considerar o Cristianismo fora da área judia" (cf. SACCHI, P. *Historia del judaísmo en la época del Segundo Templo*. Torino: Editorial Trotta, 2004. p. 328).

[8] Cf. LE DÉAUT, R. A antiga tradição judaica e a exegese cristã primitiva. In: REMAUD, M. *Evangelho de tradição rabínica*. São Paulo: Loyola, 2007. p. 226.

que possibilitaram o surgimento de muitas concepções dentro do Judaísmo e, por consequência, a formação de muitos grupos religiosos.

- *Pilar ético-cultural*. Os muitos grupos opostos e rivais, dentro do Judaísmo, se mantinham unidos pela consciência de fazerem parte de um só corpo articulado pela relação com a Lei e na observância de alguns costumes comuns a todos. Apenas o grupo dos samaritanos não se manteve ligado a esta ordem tradicional e moral.

- *Pilar institucional-hierárquico*. Por detrás das grandes instituições do Templo e da Lei, estão presentes e atuantes, evidentemente, a função dos sacerdotes e dos escribas. Mas, nem o sacerdote representava toda a religião de Israel, nem a Lei podia ser interpretada de forma vinculante para todos. Havia espaço para outros líderes religiosos e para outros ensinamentos sobre a Lei.

- *Pilar espiritual-comunitário*. A experiência concreta de um Judaísmo fragmentado em muitos grupos rivais fez com que a misericórdia fosse colocada como base essencial, de toda a experiência religiosa de Israel. De certa forma, a misericórdia passou a gozar de precedência em relação ao Templo e à Lei.[9]

- *Pilar universalista-missionário*. O Judaísmo médio relacionou-se com os povos estrangeiros de modo cuidadoso e sempre tenso. Os gregos lançavam perguntas racionais que a hermenêutica do judeu não possuía elementos para captar e responder satisfatoriamente. Mas, de modo geral e dentro do humanamente possível, o judeu apresentava dignamente, diante dos outros povos, o seu modo diferente, por vezes estranho, de ser e de viver.[10]

---

[9] Cf. Mt 9,13; 12,7.
[10] "José jamais comeu com os egípcios. Porque tais coisas eram para ele abomináveis" (DIEZ MACHO, op. cit.,. p. 215. Je A 7,1).

- *Pilar místico-simbólico*. A Lei revelada aos homens é apenas um eco da Lei Absoluta, escrita em tábuas celestiais. Até mesmo os anjos são guiados por estas Leis Eternas. Assim, como todos os mandamentos têm o mesmo grau de importância e a mesma exigência de observância, será sempre necessário interpretar racional e espiritualmente a Lei, a fim de ordenar, satisfatória e corretamente, os mandamentos da Lei.[11]

- *Pilar das tradições orais e escritas*. A distância estabelecida entre autoridades religiosas e o pensamento teológico e a falta de uma instância reguladora das várias interpretações distintas gerou uma convivência tensa e beligerante entre correntes e escolas de leitura da Torá. Era tão caótica a situação, que se acreditava somente ser possível uma interpretação de consenso com a chegada do Messias. Antes disso, deviam necessariamente conviver com um texto da Torá misturado de forma indistinta e inseparável com a sua interpretação oral, oferecida pelos vários grupos e pelos muitos mestres.

- *Pilar histórico-político*. A fragmentação das correntes judaicas de interpretação da Torá levou os diversos grupos a opções históricas e políticas, diametralmente opostas, desde o isolamento dos essênios até a opção de guerrilha dos grupos de zelotas, passando por uma série de outras opções, como: assimilação da cultura grega; aliança com o poder militar romano; vida à margem da sociedade; indiferentismo político; desilusão com a história e espera do dia final.

---

[11] DIEZ MACHO, op. cit., v. V, p. 153. "Vede, meus filhos, o resultado da vida de um homem bom. Imitai com bondade de pensamento suas entranhas de misericórdia, para que todos vós possais receber coroas de glória. O homem bom não tem olhos tenebrosos, pois sente por todos misericórdia, mesmo que sejam pecadores. Se tramam algo contra ele, vence este mal fazendo o bem e é sempre protegido pela bondade. E aos justos ama como ama a si mesmo" (Test. de Benjamim 4,1-3). Cf. Mc 12,28-34; Mt 6,22-23.

Os temas que ocupam profunda e longamente a literatura judaica, no final do tempo do Segundo Templo, são as mesmas tratadas pelo Evangelho de Mateus e por toda a literatura cristã. Dois grandes eixos temáticos acoplam uma série de assuntos decorrentes. O primeiro grande eixo é: a vinda do Messias e tudo o que se refere ao final dos tempos, à ressurreição e à vida após a morte. O segundo eixo é o problema do mal e seus estranhos executores.

Para toda essa questão da contextualização histórica e literária do Evangelho de Mateus, talvez mais para ele do que para os outros Evangelhos, deve-se ouvir o conselho do sábio mestre, Pe. Roger Le Déaut:[12] "A exegese cristã deve sempre levar em consideração o intermediário que a tradição judaica representa, no sentido amplo, entre o Antigo e o Novo Testamento". Isto parece um truísmo,[13] mas, na prática, muitas vezes as pesquisas neotestamentárias partem diretamente dos dados bíblicos, omitindo um elo fundamental: as concepções judaicas contemporâneas. Os primeiros cristãos tiveram de considerar a exegese judaica do seu tempo, na medida em que os mesmos tiveram de tomar posição, ao propor uma nova interpretação dos textos sagrados.[14]

---

[12] Roger Le Déaut (1923 a 2000). Foi padre da Congregação do Espírito Santo e professor de língua, literatura aramaica e targum, no Instituto Bíblico de Roma.
[13] Do inglês *truism*, de *true*, "verdadeiro".
[14] Cf. LE DÉAUT, op. cit., pp. 207-208.

Conclusão

Para iluminar andanças por novas trilhas e fazer descortinar outros horizontes a partir do estudo de Mateus, tomo como modelo literário o conto espiritual "Os três Startsi" de Tolstoi.[1]

Três monges habitavam uma pequenina ilha perdida no Mediterrâneo. Ninguém mais morava naquela ilha. A fama deles já girava o mundo e muitos queriam peregrinar até lá, para receber algum de seus inúmeros e poderosos milagres. Também um importante líder da Igreja Ortodoxa, de passagem pelas imediações da ilha, desejou visitar os famosos homens de Deus. Após pagar o capitão do navio em que viajava para mudar o curso do cruzeiro e contratar um pequeno barco para chegar até a ilha, lá foi o bispo, ansioso por descobrir o segredo dos três homens.

Eram três homens muito diferentes. Um alto e branco como um sabugo, vestia uma túnica branca que lhe batia na canela. O outro, atarracado e de pele bem queimada, andava nu da cintura para cima e era bom agricultor. O último era ruivo e muito cabeludo. Cuidava de pequenos animais e endossava uma pesada veste preta. Estavam na ilha há muito tempo e haviam perdido a contagem dos dias e dos anos. Usavam um calendário rudimentar e seguiam o correr do dia pelo passear do sol. Rezavam de modo simples e quase ingênuo. Pela manhã, às horas das frugais refeições, e ao cair da noite, eles se davam as mãos com alegria e rezavam dizendo: "Senhor, sois três. Senhor, nós também somos três. Então, tende piedade de nós".

---

[1] TOLSTOI, L. *Os três Startsi*; obra completa. Rio de Janeiro: Editora José Aguilar, 1962. v. III, pp. 347-352.

Quando o bispo chegou e viu este quadro religioso, ficou estarrecido. Assustou-se porque aqueles três monges não tinham Bíblia; não rezavam os salmos; não faziam longas meditações; não seguiam um complexo horário e calendário de festa, jejuns e tempos de penitência, nem mesmo conheciam a oração do Pai-Nosso; nem sabiam proclamar o símbolo de fé da Igreja.

Tendo pouco tempo, o zeloso bispo começou logo a ensinar aos três homens tudo o que julgava essencial para o crescimento espiritual de um monge cristão. Foram vários dias de muitas aulas, repetições, correções, provas e muito esforço de lado a lado.

Os monges estavam felizes em aprender e agradeciam sem cessar a Deus que lhes dera oportunidade tão maravilhosa e inesperada. Mas, como já eram velhos e não estavam habituados a guardar na memória fórmulas e orações, assim que julgavam ter aprendido bem certa oração ou ladainha, imediatamente, tudo evaporava da cabeça e não conseguiam reter os ensinamentos.

No início o bispo, pacientemente, repetiu muitas vezes a lição. Até que julgou tudo aprendido e decorado. Tendo então cumprido a curiosa missão, voltou ao seu navio certo de que fizera um inestimável trabalho de evangelização.

Já caía a tarde quando o bispo embarcou, para continuar sua viagem pelo Mediterrâneo. Foi logo dormir para restabelecer suas forças perdidas com o intenso ensino. Mas foi acordado no meio da madrugada com gritos e grande alvoroço. Alguma coisa estranha aproximava-se rapidamente do navio e ninguém podia identificar o que fosse. Seria um fantasma ou almas de outro mundo? Teria o navio afundado e navegava em mares misteriosos? E aquela coisa aproximava-se cada vez mais. Estavam aterrorizados.

O bispo foi chamado às pressas. Os marinheiros queriam uma bênção que afugentasse aquela visão. E, finalmente, o bispo viu o que era. Eram os três monges que vinham como que voando sobre as águas. Eles vieram dizer-lhe que gostaram muito de aprender as orações, mas que já haviam esquecido tudo de novo, e imploravam que repetisse as orações, ao menos o Pai-Nosso, ainda uma vez, para que pudessem fixá-las bem na memória.

Este é o conto espiritual de Tolstoi. O velho sábio russo quer nos alertar sobre a essência do seguimento de Jesus. Certamente, a inspiração e o modelo do conto dos Três Startsi vêm de uma atenta e profunda leitura do Evangelho de Mateus.

Da mesma forma que os discípulos de Jesus são homens e mulheres muito diferentes entre si, também Tolstoi descreve, de forma acentuada, o tipo físico e espiritual muito diversificado dos três monges. Mas as diferenças jamais os impediram de, alegremente, darem-se as mãos. O pequeno rebanho de mãos dadas, na alegria da presença do Senhor, consiste no ícone da Igreja de Jesus apresentado por Mateus. Assim, e somente assim, como irmãos reunidos em suas diferenças e de mãos dadas, os monges de Tolstoi e os discípulos de Jesus, em Mateus, reconhecem o rosto do Pai revelado por seu Filho e se encontram com a verdade de si mesmos. Esse encontro da pequenez dos filhos com a bondade do Pai acontece no estabelecimento da misericórdia como lugar da oração, da piedade e da religião.

Se fosse possível perguntar a Tolstoi pelo sentido do seu conto, ele nos poderia responder com as palavras de Mateus: "Onde dois ou três estiverem reunidos em meu nome, ali estou eu no meio deles" (Mt 18,20). Ou ainda: "Ide, pois, e aprendei" o que significa: "Misericórdia é o que eu quero, e não sacrifício" (Mt 9,13).

E, finalmente: "Tomai o meu jugo e aprendei de mim, porque sou manso e humilde de coração" e "fazei discípulos como eu sou, pois o meu jugo é suave e meu fardo é leve" (Mt 11,29-30).

Bibliografia

BÍBLIA DE JERUSALÉM. São Paulo: Edições Paulinas, 1980.

ABADIA, José Pedro Tosaus. *La Bíblia como literatura*. Estella (Navarra): Verbo Divino, 1996.

BARROS, Marcelo. *Conversando com Mateus*. São Paulo: Paulus, 1999.

BERGER, Klaus. *As formas literárias do Novo Testamento*. São Paulo: Loyola, 1998.

_____. *É possível acreditar em milagres?* São Paulo: Paulinas, 2004.

_____. *Qumran e Jesus*. Petrópolis: Vozes, 1995.

CAMACHO, Fernando; MATEOS, Juan. *O Evangelho de Mateus*. São Paulo: Paulus, 1993.

CARMONA, Antonio Rodríguez. *La religión judía:* Historia y Teología. 2. ed. Madrid: Biblioteca de Autores Cristianos, 2002. (Monografia sobre las religiones no cristianas.)

CARTER, Werren. *O Evangelho de São Mateus*; comentário sociopolítico e religioso a partir das margens. São Paulo: Paulus, 2002.

CISTERNA, Félix Eduardo. *O Evangelho de Mateus*; o relato, o ambiente, os ensinamentos. São Paulo: Ave-Maria, 2009.

DANIELI, Giuseppe. *Mateus*. São Paulo: Paulinas, 1983.

DIEZ MACHO, A. *Apócrifos del Antiguo Testamento*. Madrid: Ediciones Cristiandad, 1982. v. III.

DOCUMENTO DE APARECIDA. Texto conclusivo da V Conferência Geral do Episcopado Latino-Americano e do Caribe. Edições CNBB/Paulus/Paulinas, 2007.

DUPONT, Jacques. *Por que parábolas?* O método parabólico de Jesus. Petrópolis: Vozes, 1980.

GRELOT. *À escuta do Evangelho.* Rio de Janeiro: Agir, 1976.

GRILLI, Massimo. *Comunità e missione*; le direttive di Matteo. Frankfurt am Moin/New York: Peter Lang, 1992.

JOSAPHAT, C. *O Sermão da Montanha.* São Paulo: Duas Cidades, 1967.

LANCELLOTTI, Ângelo. *Matteo.* Roma: Edizioni Paoline, 1978.

LAPIDE, Pinchas. *O Sermão da Montanha*; utopia ou programa? Petrópolis: Vozes, 1986.

LÉVINAS, Emmanuel. *Quatro leituras talmúdicas.* São Paulo: Perspectiva, 2003.

MAIMÔNEDES. *Comentário à Mishná.* São Paulo: Maayanot, 2000.

MANSON, Thomas Walter. *I detti di Gesù*; nei vangeli di Matteo e Luca. Brescia: Paideia, 1980.

MARTINEZ, F. G. *Textos de Qumran.* Petrópolis: Vozes, 1995.

MATEOS, J.; CAMACHO, F. *O Evangelho de Mateus.* São Paulo: Paulus, 1993.

MAZZAROLO, Isidoro. *Evangelho de Mateus.* Rio de Janeiro: Mazzarolo Editor, 2005.

OTZEN, B. *O Judaísmo na Antiguidade.* São Paulo: Paulinas, 2003.

OVERMAN, J. A. *Igreja e comunidade em crise*; o Evangelho segundo Mateus. São Paulo: Paulinas, 1999.

PERROT, Charles. *As narrativas da infância de Jesus.* São Paulo: Paulus, 1992. (Coleção Cadernos Bíblicos, n. 14.)

PIKAZA, Javier. *A Teologia de Mateus.* São Paulo: Paulinas, 1984.

PROENÇA, Eduardo (org.). *Apócrifos e pseudoepígrafos da Bíblia*. São Paulo: Fonte Editorial, 2005.

REMAUD, M. *Evangelho e tradição rabínica*. São Paulo: Loyola, 2007.

SACCHI, P. *Historia del Judaísmo en la época del Segundo Templo*. Torino: Editorial Trotta, 2004.

SALDARINI, A. J. *A comunidade judaico-cristã de Mateus*. São Paulo: Paulinas, 2000.

SCARDELAI, D. *Movimentos messiânicos no tempo de Jesus*; Jesus e outros Messias. São Paulo: Paulus, 1998.

STERN, David H. *Comentário judaico do Novo Testamento*. São Paulo: Atos, 2008.

STORNIOLO, Ivo. *Como ler o Evangelho de Mateus*; o caminho da justiça. 4. ed. São Paulo: Paulus, 1991.

THIELICKE, H. *As tentações de Jesus*. São Paulo: Fonte Editorial, 2005.

TRILLING, Wolfgang. *O Evangelho Segundo Mateus*. Petrópolis: Vozes, 1982.

VIEIRA, Geraldo Dondici. Mateus 99. *Rhema*, Juiz de Fora: Itasa, n. 6, pp. 5-28, 1998.

_____. "Mitis sum et humilis corde" (Mt 11,29c). *Rhema*. Juiz de Fora: Itasa, n. 15, pp. 73-101, 1998.

VV.AA. *Leitura do Evangelho de Mateus*. São Paulo: Paulus, 1982. (Coleção Cadernos Bíblicos, n. 12.)

_____. *A mensagem das bem-aventuranças*. São Paulo: Paulus, 1982. (Coleção Cadernos Bíblicos, n. 15.)

_____. *Os milagres do Evangelho*. São Paulo: Paulus, 1982. (Coleção Cadernos Bíblicos, n. 16.)

ZEILINGER, F. *Entre o céu e a terra*; comentário ao Sermão da Montanha. São Paulo: Paulinas, 2008.

Sumário

APRESENTAÇÃO 7

INTRODUÇÃO 11

1. A FONTE DO ANÚNCIO: A EXPERIÊNCIA DA RESSURREIÇÃO DE JESUS 17
Primeiro ato – Tudo começou na Galileia 19
Segundo ato – O Rei dos Judeus crucificado............20
Terceiro ato – Jesus em Jerusalém 21
Quarto ato – Conflitos e confrontos............................22
Quinto ato – Como os profetas, Jesus pronuncia os seus ais 23
Sexto ato – Controvérsias no caminho para Jerusalém 24
Sétimo ato – Ensinamentos pela Galileia 26
Oitavo ato – As parábolas do Mestre da Galileia 28
Nono ato – O Mestre da Galileia prepara e envia seus discípulos e suas discípulas......................................29
Décimo ato – Jesus veio para curar nossas dores................30
Décimo primeiro ato – A Torá oral de Jesus de Nazaré........31
Décimo segundo ato – Jesus inicia sua missão.....................33
Décimo terceiro ato – A vida silenciosa de José, o patriarca 33

2. LEITURA PANORÂMICA DO EVANGELHO DE MATEUS 35
O êxodo de Jesus 35
Palavras persuasivas...36
Discípulos missionários e discípulas missionárias...................38

Oposição a Jesus 38
O Reino dos Céus 39
Os mensageiros 40
A missão da comunidade 41
Quem é o maior? 42
As autoridades 42
Os ais de Jesus 43
Os últimos dias 45
A ressurreição 47

3. EIXOS DA TEOLOGIA DE MATEUS 49
Eixo ético 49
Eixo cristológico 54
Eixo eclesiológico 62
Eixo normativo 69

4. AS SAGRADAS ESCRITURAS JUDAICAS, EM MATEUS 77
"Segundo as Escrituras" 78
Jesus comparado a Jeremias 81
Jesus, intérprete da Lei de Moisés 83
A Torá de Moisés e a Torá do Messias 88
A essência da Torá 89
A profissão de fé de Jesus, na Torá 92
Ser bem-aventurado: dom, tarefa, promessa 96
"Eu vos declaro" – A Torá oral de Jesus 101
O amor que rompe com todos os ódios e distâncias 102

5. JESUS, O SÁBIO MESTRE DA GALILEIA 105
Jesus ensina sobre o Reino 106
As palavras de sabedoria de Jesus 107
Jesus: mestre das parábolas 113
Quem entende as parábolas de Jesus? 116
As sete parábolas do Reino dos Céus (Mt 13) 118
O ensinamento das sete parábolas do Reino dos Céus 128

6. OS DISCÍPULOS E AS DISCÍPULAS DE JESUS CRISTO NO EVANGELHO DE MATEUS 131

Quem são os discípulos e discípulas de Jesus? 131

A identidade dos discípulos e discípulas de Jesus 134

Como deve ser a missão dos discípulos e discípulas
de Jesus? 135

As perseguições sofridas pelos discípulos missionários
de Jesus 136

As prioridades dos discípulos missionários de Jesus 138

Promessas de Jesus a seus discípulos e discípulas 138

Análise da função comunicativa de Mt 4,18-22 e 9,9 140

7. CONTEXTO DO EVANGELHO DE MATEUS 155

CONCLUSÃO 163

BIBLIOGRAFIA 167

Rua Dona Inácia Uchoa, 62
04110-020 – São Paulo – SP (Brasil)
Tel.: (11) 2125-3500
http://www.paulinas.com.br – editora@paulinas.com.br
Telemarketing e SAC: 0800-7010081